ズボラでも、
こどもが小さくても、
転勤族でも

「主婦」を楽しむもの選び

ショコラサマンサ

はじめに

わが家は転勤族。現在1LDKのマンションに夫と4歳の息子、2歳の娘の4人暮らしです。転勤が多いので家によってもの、とくに家具は使い方が大きく変わってきます。

そんな環境の中、どうすれば日々の暮らしを心地よくできるか、ズボラ主婦なのでいかに簡単に、ラクに家事ができるかも重要なポイントで、試行錯誤の日々です。その模索は私にとってとても楽しいこと。もの選びに関してもとことん楽しみます。いろんなタイプ

の家で使うことを想定しながら、デザイン、機能性、価格、多用途に使えるか、など夫と一緒によくよく吟味しながら決めていくこともあれば、直感や勢いで選ぶことも。

ときに失敗買いもありますが、その中でこれは買ってよかった！　というものを集めてみました。家具、雑貨、日用品、育児グッズ、おでかけ小物などなど。ライフスタイル、好みは人それぞれですし、わが家はほんの一例ですが、もの選びをするにあたって何か少しでもヒントになれば嬉しいです。

ショコラサマンサ流 Myルール

1. どんな家でも使えるものを選ぶ

いつ、どんな家への引っ越しが決まるかわからないわが家。もの選びはまず、「どこに引っ越しても使えるか」を吟味することから始まります。どんなリビングにも合うデザインか、サイズか、色か。ものによっては玄関でも寝室でも使いまわせるものか。これまで6軒の家に住んできたので、どの家でも使えるかどうかを頭の中でシミュレーションするようにしています。

また、引っ越し準備はものが多いほど大変さを増します。少ない荷物でうまく住まうには、とにかく使いまわしの利くものを選ぶことが大切になってきます。

たとえ引っ越しのない生活だとしても、あふれかえった大量のもので暮らしがごちゃついてしまうより、自分が使い切れる量のものを厳選して、すっきり暮らしたい。こどもの成長など生活の変化があるたびにものを増やすよりも、使いまわしの利くものでうまく変化に対応していけたらいいと感じるのです。

自由自在にアレンジできる棚

2. 手に入れるまでの道筋を楽しむ

夫も、ものに対してこだわりがあり、「引っ越しがあるからものを増やしてはならない」と強い意志を持っています。ひとつのものを選ぶにしても、夫に「なぜ」「何に」「どう」必要なのかをプレゼンする必要があるのです。以前の私は、もの選びに大してこだわりのあるタイプではありませんでした。こだわり派の夫に出会い最初はとまどいましたが、今はふたりであーだこーだ言い合って決めるのも楽しい。厳しい関所をくぐった後は、家族でさまざまな店を巡るなどして目指すものとの出会いを求めます。ものを手に入れるまでのプロセスもまた、楽しみたい。

3. 本当に気に入るものに出会うまで買わない

うちの洗濯かごは、夫が独身時代から使っていたものです。取り替えようとずっと探しているのですが、「気に入る見た目」「洗濯機の上に置ける」「棚にも入る」という条件を満たすものに未だ出会わず……。これらの条件をひとつでも落とせば、使うたびにほんのりとした後悔を感じたり、理想のかごに出会ったときに持て余すでしょう。出会うまでは、気長に探します。

4. 操作や手入れが簡単なものを選ぶ

私の性格上、機能が複雑だったり、手入れが面倒だったりするものは不向きなようです。例えばオーブンレンジを買うとき、「いろんな料理ができる！」と高級なものを選んだのに、使うのは解凍と温めの機能だけ。便利な機能がいくらあっても、私には使い切れませんでした。しかも、高価だったし大きくて場所を取る……。「機能はシンプルが吉」。このことを忘れず次回の買い物に活かしたいと思います。

5. コンパクトになるものを選ぶ

住む家によって収納スペースの大きさがまちまちなので、畳んでしまえたり、スタッキングできるものを選びます。オフシーズンの服を入れるコンテナは畳めるもの、食器や調理器具はスタッキングできるもの、など。

6. 見えてもいいデザインのものを選ぶ

住む家によっては隠して置いておけないものもあります。見えていてもおかしくない、見ると嬉しくなるようなデザインのものを選びたい。例えばコーヒーマシンなどの家電や、こどものおもちゃなど。

7. 長く使うものは"身の丈に合った"いいもの、短いものはとことん安く

ソファや椅子など、毎日・何時間も・何年も使うようなものは、座り心地を何より重視し「安物買いの銭失い」にならないようにします。とはいえ引っ越しでは家具に傷がつくこともあるし、無理な買い物はしません。周りの家具から浮くような高価なものではなく、出せる範囲で納得のいく品質のものがベスト。一方で短期間しか使わないものは、安いことが選択条件の上位に。代表的なものはこどもグッズで、百均やリサイクルショップを活用します。

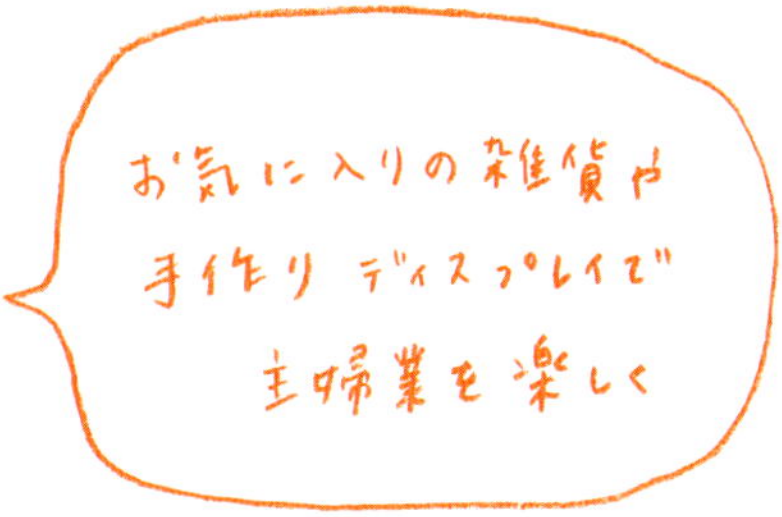
お気に入りの雑貨や
手作りディスプレイで
主婦業を楽しく

8. 何事も楽しもう!

わが家の家訓は「何事も楽しもう」。引っ越しも、新しい家も、土地移動も楽しもう。インテリアものもの選びも楽しもう。遠距離の帰省も道中を楽しもう。その環境ならではの経験をし、自分の中の引き出しを増やそう。何をとっても、悪い面を探せばいくらでもあるし、同じようにいい面もいくらでもある。ということで、今の1LDKという限られた空間の中での4人暮らしも、ものを増やさず居心地よくすることを楽しみます。物量がなくても、ちょっとした"遊び心を忘れない"がモットーです。

Chapter 3 玄関・サニタリー

Chapter 4 こども

Chapter 5 おでかけ

わが家のプロフィール

家族

娘

長女2歳。やんちゃで暴れん坊な末っ子。プリキュアよりも戦隊ものに夢中。

息子

長男4歳。争いを好まない繊細で優しい性格。男勝りの妹に振り回される日々。

夫

自称ゆるキャラの割に辛口コメント多し。ズボラ主婦の家事育児フォローが大変そう。

私

北欧や和の雑貨が大好き。おっちょこちょいで家事は苦手なズボラ主婦。

間取り

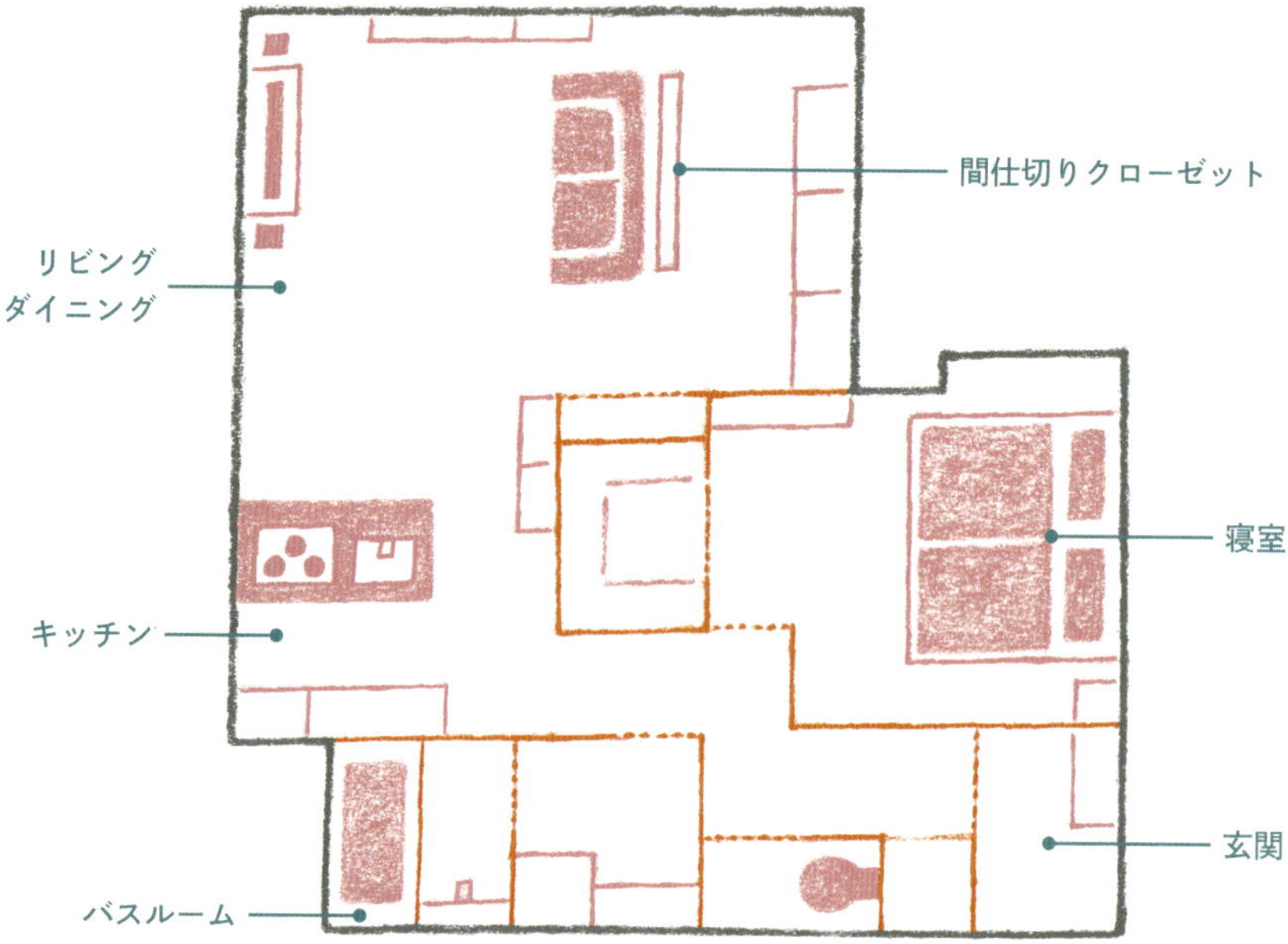

１LDK（62㎡）の４人暮らし。以前の家は３LDK（80㎡）で、引っ越し後の荷ほどきには苦労しました。ものが好きなのでミニマリストにはなれませんが、大好きな北欧ものを織り交ぜながらスッキリと暮らしを楽しみたい。

Chapter 1

リビング

家族全員がくつろぐ場所だから、雑然としすぎず
スッキリとした空間でありたい。
とはいえあまりに殺風景なのはさみしいので、
視界に入ると嬉しくなるような、
大好きなものの居場所がほしいのです。

※販売終了。類似品はtempo 125 table ¥120,000+税／モーダ・エン・カーサ

狭くても大きく使えるダイニングテーブル

ダイニングが細長い家に住んでいたとき、そのスペースにほどよく収まるオーバル型のダイニングテーブルを購入しました。180㎝×90㎝と大きいものですが、楕円なので、20㎝短い以前の長方形テーブルより部屋が広く見えます。角がないのでこどもが横を走り抜けても安心。

何より助かるのが、脚が中央に1本であること。そのため、どの位置に椅子を置いてもテーブルの脚が邪魔になることがありません。隣とのスペースを広く取ることができるし、友達が数人お茶に来てもゆうゆうくつろいでもらえます。将来、こどもたちのリビング学習を想定しても、ダイニングテーブルは大きい方がありがたい。

今後、狭いダイニングの家に引っ越す可能性を考えると、伸縮できるテーブルもよさそうです。

ダイニングにオフィスチェア

ダイニングテーブルには、ジロフレックスのブラサチェアを合わせています。これは、以前夫がPC作業用にとインターネットで購入したもの。キャスターは床を傷つけるので、別売りの固定具に付け替えました。元々オフィスでも使われるような、長時間座るのに向いた椅子。座り心地は抜群で、ソファよりこちらに座ることが多いくらいです。

ジロフレックス ブラサチェア／プラス家具※販売終了。

場所を選ばないイームズのチェア

ブラサチェアの隣には、イームズのシェルチェア。狭い都内の家に住んでいたときに、軽くてコンパクトな椅子が必要で購入しました。どんなテーブルにも、どんな部屋にも合うデザイン。エッフェル塔のような脚元が、ブラサチェアの脚元と同じ素材感なのでまとまりが出ています。そのまま座ると冷たいので、イケアの赤いパッドを敷いて差し色に。

イームズ サイドシェルチェア DSR ブラック クロームベース スタンダードグライズ ［DSR. 47 ZA E8］¥42,000+税／インテリアショップ VANILLA

調光できるデザイン性の高いシーリングライト

LEDシーリングライト HH-LC720A　オープン価格／パナソニック

リビングの照明を、くつろげる温かみのある灯りに替えたいと思いました。でもそれでは文字が見えづらい、ということで調光できる照明に。水の波紋のようなパナソニックのシーリングライトは、調光が、「暖色に灯る電球色」「隅々まで明るい昼光色」「その間の昼白色」の3種類。光の強弱も変えられ、リビングの雰囲気と機能性が格段に上がりました。

木のグラデーションがきれいなテレビボード

アプリケ（テレビ160）¥108,100+税／モリタインテリア工業

ウォールナット・アルダー・メープル・ホワイトオークという木のグラデーションに一目ぼれしたテレビボード。うちの家具には濃い茶から白木まであるので、これでうまく調和できた気がします。

ボードの上には何も置かず、飾りはユニットシェルフの上だけと決めています。部屋が漫然としないためには、メリハリが大切。

転勤族のカーテン問題

引っ越すたびに変わるのが住む家の窓のサイズです。そのたびに買い替える余裕はないので、今のリビングの腰までの窓には床までサイズのカーテンがかかっています。これはこれで、窓が大きく見えて問題なし。またベランダ側はカーテンが高さも幅も足りていませんが、下には棚を置き、窓の途中に仕切りを入れたことで解消しました。

オーダーカーテン ¥7,000+税／ジャストカーテン

こどもの成長に合わせられるカーペット

タイルカーペットは、育児家庭にも転勤族にもぴったり！ 撥水加工のものなら汚れをサッと拭けるし、一部を外して洗うことも可能。枚数の増減が自由なので、長男がねんねの赤ちゃん時はラグ風に、ハイハイが始まるとリビング全体に、歩けるようになったらダイニングまで拡大。こどもの成長や引っ越しに合わせて敷き詰め直せる、ありがたい存在です。

NewSugar Hi-Back 3人掛け ¥124,200～496,800（税込）※生地ランクにより変動／ソファ専門店 NOYES

立ち上がれなくなるハイバックのソファ

夫が独身時代から使っていたノイエスのソファは、座るたびに眠くなってしまうほど快適な座り心地。ただ、猫を飼っていたので爪を研がれるわ毛が付くわで相当古びてしまいました。そこで買い替えを決意し、またノイエスで選ぶことに。

妊娠中にショールームを訪れ、あれこれ座って検討した結果、吸い込まれるように座り続けてしまったのが今のソファ。家具は低い方が部屋が広く見えるのですが、包まれるような心地よさを優先して背もたれの高いハイバックを選択。ひじかけの緩やかなカーブも気に入りました。こどもがいるので、水拭きできる合皮で汚れの目立たない黒をチョイス。198㎝の大きさで黒は存在感が出すぎるかなと心配もしましたが、わが家の狭いリビングでも意外となじんでいます。

ロロス ツイード ¥24,000+税／アクセル ジャパン

あったかわいい、ウールのブランケット

憧れていたロロスのブランケット。自分へのクリスマスプレゼントに思い切って4年前に購入しました。ノルウェーのニューウール100%ということで、ハーフサイズでもかなりのボリューム。それでもとっても軽く、柔らかく、あたたかい。この毛布に出会うまで足先からずんずんと冷えていたのが、ひざに軽くかけているだけでポカポカです。5年経っても古びず丈夫で、頼もしい。

というわけで、冬になるとソファにこのブランケットを常備します。グレーとホワイトはどんな色のソファにも合って、見た目もお気に入り。季節の変わり目に、こんなファブリックで部屋の雰囲気をちょこっと変えるのも楽しいこと。家の中で過ごす時間が多くなる冬は、より心地よい空間を作りたいと模索します。

リビングの一部を仕切って衣類ゾーンに

ソファの背後にある白い壁は、実は天井に突っ張った簡易間仕切りです。裏側にバーが付いていて、ハンガーを掛けるクローゼットを兼ねています。そんなに広いわけでもないリビングを思い切って仕切り、衣類ゾーンを作ったのには理由があります。備え付けのクローゼットが小さく、寝室にも収納スペースがなく、リビングに置くのも気になったからです。将来は、壁際収納や兄妹間の間仕切りへの使いまわしを考えています。

＼使ったもの／

つっぱり式 間仕切りクローゼットパーテーション ハンガーラック 幅90cm ¥12,980+税／楽天市場 わくわく生活

間仕切り裏のクローゼットは、MAWAハンガーで統一しました。夫のトップスはLL用の「シルエット45」、薄手ボトムスは「パンツシングル」に。私のトップスはM用「シルエット36」、ニットなど伸びるものはイケアのハンガーと使い分けています。シルエット36 ¥302（税込）／MAWA Shop Japan

不要なときに薄くたためるコンパクトなコンテナに、オフシーズンの衣類をしまっています。角張った無骨なシルエットで、これより大きい衣装ケースの中身がすっぽり入りました。間仕切りクローゼットのハンガー下に4つ置けば、衣替えも簡単に。薄型折りたたみコンテナ 50Ｌロックフタ付 グレーTR-C50B GY ¥2,220+税（編集部調べ）／トラスコ中山

MALM チェスト（引き出し×6）¥19,990（税込）／イケア・ジャパン

家族4人でひとつのチェスト

衣類はなるべく吊るしたい派です。そうはいってもインナーやTシャツ、こども服などこまごましたものは、家族4人分をひとつのチェストにまとめて、たたんで収納しています。

引き出しの位置取りは、左上が夫の下着と靴下。2段目は夫のTシャツ、ハンカチなど。3段目は私のインナー、靴下など。4段目は娘で5段目が息子の衣類を入れています。3段目以降のそれぞれの引き出しは、実は中がガラガラで空白が大きくある状態。右上の引き出しに至っては、空っぽです。こどもの服は今後サイズが大きくなっていくので、収納にゆとりがあると気持ちにも余裕が出ます。

引き出しの中の工夫

引き出しの中には、イケアの布ボックスを入れて種類ごとに区切っています。チェストと同じメーカーのものだけあって、気持ちいいほどピッタリ！　出し入れしやすく、「ここに入る分だけ持つ」と量の管理にも貢献してくれています。

衣類は、何がどこにあるか一目で見渡せるように立てて収納しています。インナーは、広げなくても形状がわかるように、ヒートテックの台紙を利用してイラストでラベリングしています。

＼使ったもの／

SKUBB ボックス6点セット
¥999(税込)／イケア・ジャパン

自由自在に組み合わせられる棚

転勤族のわが家で最も頼もしい家具、それはイケアのシェルフユニット「トレービー」です。シンプルな棚は横に並べるのも縦に重ねるのも自由。扉・引き出し・中板などさまざまなパーツを選び、用途に合わせてカスタマイズできます。

家によって使用用途を臨機応変に変えられる家具は重宝します。キッチンで食器棚として、リビングでおもちゃ棚として――。絶えず変化する子育て家族にもぴったりです。

＼使ったもの／

TRÄBY（上）シェルフユニット ¥7,999（税込）、（左下）ガラス扉 ¥2,000（税込）、（中央）扉 ¥2,000（税込）、（右下）引き出し ¥3,500（税込）／イケア・ジャパン

わが家のシェルフユニット録！

2008年 埼玉

食器棚としてキッチンで

２つを横に並べて食器棚に。狭いキッチンで棚上を台として使いたかったし、将来本格的な食器棚を購入するまで低コストに抑えたかったこともあります。間仕切りの間にガラス棚を入れ、イケアの滑り止めマットを敷いて食器を収納。棚を買い足してL字で使っていたときもあります。間に合わせで置いたものでしたが、今思えば、スペースや用途に合わせられるとても優秀な食器棚でした。

↓

2013年 大阪

リビングダイニングで収納棚

こどもが生まれ、引っ越し、きちんとした食器棚を買ってトレービーはリビングへ。こどもに中身を出されてしまうので、オプションの扉と引き出しを付けました。こどもの着替えはリビングですることがほとんどということで、引き出し部分にこども服を収納。扉を付けないオープン部分もひとつ作り、こどもが自由に出せる絵本置き場に。扉部分には文具や書類など、リビングで使う日用品を。

↓

2015年 名古屋

ガラス扉で見せ収納に

上段一列をガラス扉に取り換えて、大好きな雑貨を見せ収納することに。スペースが増えて飾りを楽しみすぎて、雑然としてしまいました。ほとんど穿かせられなかった娘の小さな靴下などをせめて飾ろうと思ったのですが、ものを置きすぎです。ひとつのスペースにちょこっと、と改善したのが右ページなのでした。雑誌も、すべてを縦置きにしない方が動きが出るようです。

シェルフの引き出し1段に文具を集約

上段を見せ収納にしたシェルフの引き出しの中を文具の定位置にしています。無印良品と100円ショップの仕切りボックスを組み合わせて使い、手前によく使うはさみやペン、奥にたまに使うマスキングテープやショップカードを並べました。仕切りが引き出しにぴったりはまると嬉しいです。

以前は引き出し3段に文具を分けていましたが、厳選したものだけを1段に集約。出し入れの効率が上がり、文具がぐっと使いやすくなりました。

＼使ったもの／

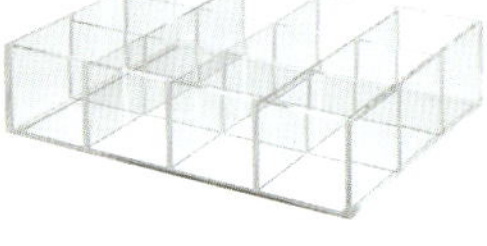

左半分で仕切りをはずして使用しているのは、重なるアクリル仕切付ボックス ¥1,800（税込）／無印良品

シェルフ上のメモスペース

シェルフの上にメモスペースを作り、思いついたら何でもメモを取っています。メモ帳はサラッと書きやすい紙質のロディア。これを使ってからは裏紙には戻れません。ペンを立てているのはコジオルの花瓶。以前は夫婦の歯ブラシ立てでした。存在感があるのでいろいろな場所で楽しめます。ちなみにクリップは、夫がおつかいしてくれたときのレシート留め。

メモ帳：ブロックロディアホワイト（No.12）¥250+税／クオバディス・ジャパン、ペン：スタビロ 水性ペン point88 ¥120+税／エトランジェ ディ コスタリカ、クリップ：ピンチ10P ¥1,000+税／大木製作所

組み立て家具に欠かせない電動ドライバー

もとは日曜大工が大好きな夫。こどもができてからはそんな暇もなく封印していますが、独身の頃から使っている工具類は割と豊富。その中で唯一現在も活躍しているのがドライバードリルです。何しろうちの収納のメインであるイケアのシェルフも、このドライバーさえあればあっという間に組み立てることができるのです。

※同じものは販売終了。現行商品は、充電式ドライバドリル BD-7200 ¥11,000+税／リョービ

ディスプレイスペースを楽しむ

ガラス扉の棚の上もまた、好きなものを飾るスペースです。ここに飾りを集約することで、ほかの場所はスッキリさせるというメリハリの「ハリ」部分。ついつい、たくさん置いてごちゃごちゃさせてしまいがちですが、憧れの「北欧と和をミックスさせたようなシンプルインテリア」に少しでも近づけたい！

そこで、飾りの色味をウッド、ホワイトなど落ち着いた3色程度に抑えました。ものの数も減らして天板の余白を意識したら、棚上だけでなく部屋全体がスッキリした感じに。こんな風にあーでもないこーでもないと試行錯誤している時間が幸せだったりします。

青がメインの夏のディスプレイ

夏に、青で涼しい雰囲気を作ろうとエリック・カールのポスターを飾りました。夜空のブルーがとてもきれいな、『パパ、お月さまとって！』の一幕です。高さのあるこのポスターを中心に、枝やキャンドルスタンドを配してAのラインでまとまりを出します。トレイのファブリックに入った黒は引き締め効果も。ペンギンのオブジェで、納涼気分です。

こどもの絵と北欧小物のディスプレイ

北欧好きのディスプレイらしく、こまごまとしたポットやグラス、トナカイのオブジェなどを並べてみました。平たい印象なので、枝もので1カ所だけ高さを出して。こどもの作品を貼るようになってからはとくに、飾りの色味は抑えて存在感がぶつからないようにしています。壁も使い、全体で調和のとれたディスプレイを心がけています。

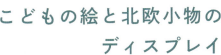

大事なものの定位置に、やる気が出るトレイ

イケアのウッドトレイにアルテック社のファブリック「シエナ」を敷いて、存在感抜群のお気に入りトレイを作りました。このトレイは必要に応じて家じゅうで活躍してきた愛用品（左ページ参照）。今は寝室で、夫婦二人のスマホとメガネ置きになっています。

カギや時計などの小物は、必要なときにすぐにほしい、なのに部屋で迷子になりがちなもの。お気に入りのトレイなら取るのも戻すのも楽しくなり、ものが迷子になるのを防いでくれます。

ファブリック：ハーフカットクロス アルテック シエナ ¥1,050+税／ルネ・デュー、ウッドトレイ：※販売終了

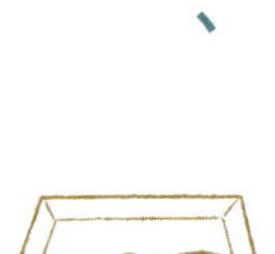

ウッドトレイの使用法あれこれ

2011年 埼玉

普段使いのカップをのせて

よく使うタンブラー、マグカップなどをウッドトレイにセット。食器収納のスペースが少なかったためこうしたのですが、普段使いのものは出したままの方が、食器棚に収まっているより断然取り戻しがラク。器が安定するように、竹久夢二の風呂敷を敷きました。和と北欧の組み合わせが大好きです。このトレイ、これより以前は文房具や郵便物入れ、おやつ収納にも使っていました。

↓

2014年 大阪

吊り棚に温もりをプラス

キッチンに吊り棚があった家では、その棚がステンレスで、キッチンが少し無機質な雰囲気に。温もりがほしくなり、吊り棚にウッドトレイを置いてみました。炊事をしている目の前に木の温もりを感じると、だいぶ気分が違います。トレイにはイケアのキッチンクロスを敷き、砂糖、塩、計量カップと漏斗をのせています。砂糖と塩の容器もイケアです。

↓

2015年 名古屋

リビングの忘れ物防止トレイに

私達夫婦はとても忘れん坊で、二人揃ってハプニングがたびたび！　このトレイをカギやスマホ置き場にし、リビングの棚上を定位置に。この後、出勤した夫があわてて帰ってくることがなくなりました。シェルフ上スッキリ作戦に伴いトレイは寝室に移動しましたが、場所を選ばず多用途に役立ち、その場の雰囲気をよくしてくれる有能なトレイです。

column 1

ディスプレイを手作りして楽しむ

1. モビール

手作りモビールの楽しさを知ったのは、『北欧の切り紙』という本に出会って。型紙が付いているのでトレーシングペーパーに写し取り、色画用紙を切って吊るしました（型紙をそのまま切って吊るすこともできます）。冬の夜に音楽を聴きながら、のんびり切る作業は楽しいもの。自分の作品で部屋の雰囲気がかわいくなることにも満足感があります。その後、雪の結晶やトナカイのモビールも作成。26ページのしずく型も同じ本で作りました。

＼使ったもの／

デザインナイフで

細かい部分も切り抜きやすいデザインナイフ。OLFA デザイナーズナイフ オープン価格／オルファ

参考にしたのはこの本

モビール作家の13作品が紹介。『北欧の切り紙　デンマークのかわいいモビール』／池田書店※品切重版未定。

2. クリスマスツリー

クリスマスを控え、家の中でも気分を出そうとツリーを作ってみました。使ったのは元からあった枝とベルの飾り、そしてモココのガーランド。ガーランドはばらしてテグスを通しました。枝は現在ペン立てにしているコジオルの花瓶に立てて、100円ショップのガーデニング用の石を詰めて安定させています。手持ちのもので作った即席ツリー、テーブルや棚の上にちょうどよい大きさです。幼いこどもがいてツリーを飾れないときもおすすめです。

＼使ったもの／

手持ちのものを利用して

元はこんなガーランド。リメイクを楽しみます。モココフェルトマスコットガーランド／マークス※販売終了。

Chapter 2

キッチン

理想は片付いていて作業スペースの広いキッチン。
場所を取る炊飯器も、わが家では食器棚に収納。
とはいえ、あんまりスッキリ何もないのも
炊事をする気が起きません。
自分好みのツールや色でキッチンを楽しく！

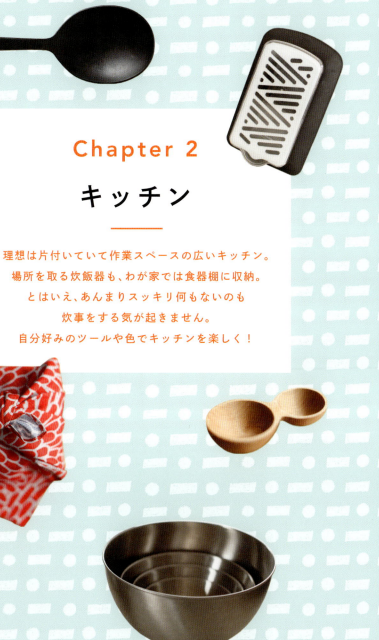

QUARTER REPORT ワークエプロン ピジョン　エメラルド ￥3,600+ 税／ FIQ

気分を上げるピジョン柄のエプロン

日本製ながら北欧テイストの布ものが豊富なクォーターレポート。さわやかなグリーンが気分を上げてくれるピジョン柄にも、さまざまな布もの商品があります。カーテンだと面積が広くて主張が強すぎるし、クッションはもうお気に入りがある。そして当時住んでいた家のキッチンには欠陥があったので、かわいいエプロンでもつけて炊事を少しでも楽しめるように……ということでエプロンを購入しました。

正直なところ、普段は面倒なのでエプロンなしで炊事をします。やる気が出なくてモチベーションを上げたいときが、このエプロンの出番です。ちなみに、ミートソースなど汚れが飛びそうなメニューのときは、違うエプロンが登場します。

（右）白雪友禅ふきん ￥380+税／白雪ふきん、（中央）e. スポンジワイプ kata kata くま ￥550+税／エコンフォート、（左）MQ・Duotex ダブルクロス レッド / ブルー ￥1,500+税／エコンフォート

ふきん3種を使い分け

ふきん3種を換気扇フードの外側にマグネットフックでさげています。食器用に使っている白雪ふきんは、水分をサッと吸収してくれてとても使いやすいです。ザルの穴やタッパーのフタの溝にも入り込んできれいに水気を取ってくれます。

水回り、台を拭くのはスポンジワイプで。シンクの内側のような水分の多い場所でも、しっかり拭けます。キッチンだけではなく、お風呂や洗面所にも置いて活用しています。かわいいくまの柄は、ぶらさがっているのを見るのも楽しい。

レンジまわりなど、油汚れにはマイクロファイバークロス。水拭きだけでスッキリ！ MQ・Duotexのものはニット面で汚れを掻き取り、テックス面で磨けるリバーシブル構造。キッチン家電の拭き掃除や蛇口磨きにも便利です。

手放せない、技ありキッチンツールたち

左から、エピス　レードル　¥550+ 税、ターナー　¥550+ 税、トング　¥660+ 税／ティファール

溶けない傷つけない！ のナイロン樹脂ツール

キッチンツールはティファールのものを愛用しています。料理初心者だった頃に金属製のツールで鍋の表面を傷つけてしまってからというもの、ナイロン樹脂製のティファール一択。継ぎ目がないので汚れが溜まらず、ブラック一色なのも大人っぽくてお気に入りです。

無印良品の 万能調理スプーン

炒める、混ぜる、取り分けるをすべてまかなう、日々大活躍の調理スプーン。例えば今まで、木べらで炒めてお玉でよそうと２つのツールが必要でしたが、このスプーンなら一本で済んでしまうのです。シリコン素材で鍋や食材を傷つけず、鍋にフィットするのも魅力です。

シリコーン調理スプーン　長さ約 26cm　¥850（税込）／無印良品

シリコーン菜ばし ¥680+ 税／マーナ

熱くならない・古びない シリコン菜箸の実用性

雑貨屋さんで目に留まったシリコンの菜箸。一度使い始めたらもう竹箸には戻れません。鍋のへりに当たっても熱くならず、先端で鍋を傷つけることもない。ホットケーキの種がこびりついてもすぐに落ち、竹箸のように見た目が古びない。７年選手ですが老朽化していません。

おおさじこさじ（木製）￥580+税／エフシーインテリア

大小を兼ねる かわいい計量スプーン

料理が得意ではない私は、「目分量」が大の苦手です。分量はしっかり量りたい。この「おおさじこさじ」を見つけたときは、そのかわいさもさることながら、よく使う２つのサイズがひとつになっていて、これひとつで計量が済むのが嬉しいポイントでした。

おろしやすさに感動 OXOの大根おろし

おろす部分は樹脂ですが、容器がゴム製のために安定感抜群です。テーブルの上で動いてしまって力が入れられないということがありません。またおろす部分も絶妙な計算のもとに設計されていて、さほどの力もいらずに気持ちよくおろせます。

ダイコングレーター ￥2,500+税／OXO（オクソー）

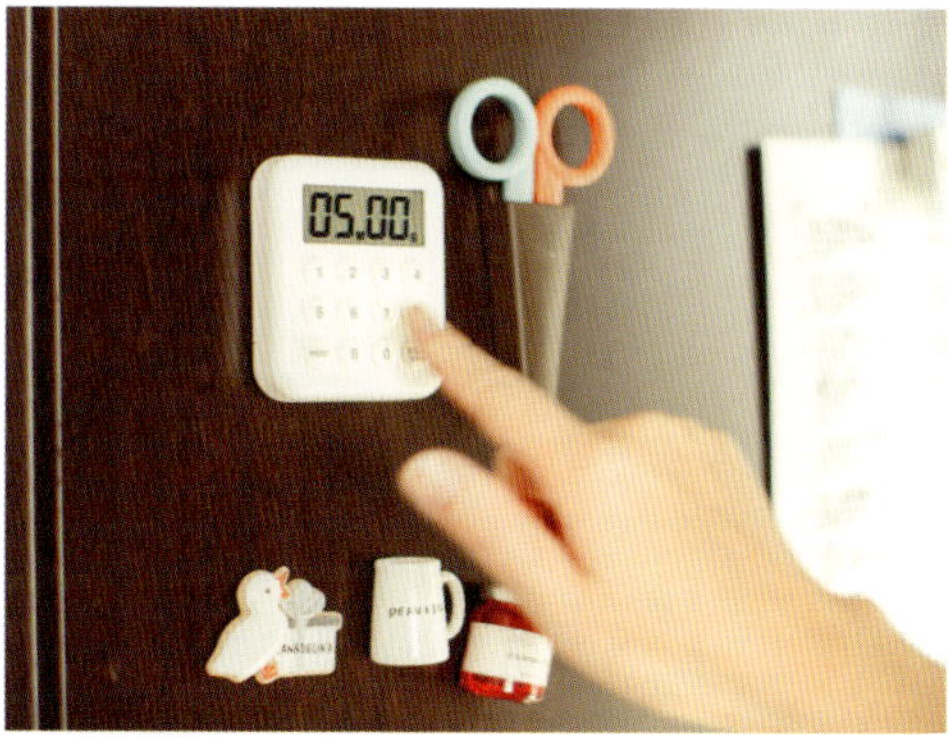

±0 デジタル10キータイマー ホワイト ￥1,000+税／±0

セットがらくちんな 10キータイマー

以前使っていたダルトンのタイマーが壊れて以降、３年もスマホで時間を計っていました。そこで、10キー式のこちらを購入。ダルトンのアナログな雰囲気も好きでしたが、このデジタルなシンプルさも好み。目盛りを合わせたり何度もボタンを押す手間がなく、ラクです。

グローバル三徳３点セット ￥14,000+税／吉田金属工業

グローバルの包丁を産地まで行って求めてみた

梅雨時に、ウィルス性胃腸炎になってしまったことがありました。それ以降、調理器具の衛生にはより気を付けるように。包丁も、持ち手と刃の継ぎ目がなく雑菌の溜まらないものに買い替えることにしました。

候補は以前から憧れていたグローバルのもの。生産地である新潟県燕三条地区を旅しがてら、本物の輝きを見て購入を決定しました。使ってみれば、まるごとキャベツも皮つき鶏肉も気持ちいいほどスパッと切れる質のよさで大満足。

ちなみにそのときあちこち見てまわってフォークとスプーンも購入しました。自分の足で探し求めて選んだものは、思い出もついてさらに愛着がわきますね。

食材別シートまな板 果物、魚、肉 各￥108（税込）／Seria

100円ショップ利用で、まな板をいつも清潔に

前述の胃腸炎事件以降、まな板も替えました。まず、肉と魚は牛乳パックを開いたものの上で切り、パックは使い捨てにします。そして野菜はセリアの100円まな板で。薬味やフルーツなどちょっとしたものは100円ショップで購入したミニまな板でカットします。

100円まな板では野菜・果物くらいしか切らないので半年くらい使っています。安価なので取り換えるのも気楽。

また、洗って拭けばすぐ乾くので、コンロの下などにしまっておけるのもいいところ。木のまな板は乾きにくくてしまえないし、衛生管理も長持ちさせるためのお手入れも大変です。面倒くささがりがいつも清潔を保つためには、管理のラクな方法が一番のようです。

ボール＆パンチングストレーナー 6pcs（16cm,19cm,23cm）￥14,600+税／designshop

もっと早く買えばよかった柳宗理のボウルとザル

柳宗理のステンレスボウルとパンチングストレーナー、16㎝、19㎝、23㎝の6点セットを買いました。個別に買うよりお安く、どのサイズも日々活躍。とくに感動したのは、野菜くずの引っ掛からないストレスフリーのザルです。

そして柳宗理といえば、シンプルで飽きの来ないデザインが魅力。持ちやすい・混ぜやすい・泡立てやすい絶妙な形状で使いやすく、一番大きいボウルにすべてがすっぽりと収まるので、スペースを取りません。

セールで少しお安くなっていても、ボウルとザルに1万円近くを投資するのは勇気がいりました。でも毎日、一生使うつもりなので後悔はありません。あまりの使い心地のよさに、なんでもっと早く買わなかったんだろう！　と思ったほどでした。

iwaki キャセロール 1.1L ￥2,000+税／iwaki

多用途で大活躍！食卓に出せるキャセロール

実家にあった耐熱ガラスのキャセロールを譲り受けました。フタも耐熱ガラスで、電子レンジやオーブンで使うことができます。グラタンも作れるし、サラダを盛ってそのまま食卓に出せばなんとも涼しげ。野菜の下ごしらえにレンジで使うのにも便利で、炊飯までできてしまう多用途ぶりなのです。

さらに、フタを裏返して置けば器やパイ皿になり、下ごしらえのバットにも変身。残った料理はフタをすればそのまま冷蔵庫に入れられるのもいいところ。ガラス製なので臭いが付かず、時間の経ったこびりつき汚れもスルッと落ちます。

このキャセロールと電子レンジさえあれば、簡単な食事は一通り作れそう。わが家で毎日活躍している調理グッズです。

T-fal インジニオ IH オーシャン コルシカセット／ティファール ※ 販売終了
ルックインスタンド カバー M（22 〜 26cm 用）¥3,800+ 税／北陸アルミニウム

調理も収納も強力サポートのティファール

フライパンと鍋はずっとティファールを愛用しています。食材を入れるタイミングをマークが知らせてくれて、かつふっ素樹脂加工がいいので焦げつかず安心。また持ち手を外してしまえるため、収納スペースを取らなくて非常に助かります。

買い替えるときは、ひとつずつ買うより割安なセットで一気に入れ替えます。どのサイズも同じくらい使うので、ふっ素樹脂のはげ加減も同じくらい。とはいえ6層コーティングで耐久性がよく、もう5年も使えています。コーティングがいいせいか、汚れ落ちもスルッと気持ちがいいです。

フタは北陸アルミニウムの、サイズ兼用のものを使っています。軽く、見た目もスタイリッシュ。スタンド式で場所を取らずスッキリ収納できます。ハンドルの上に菜箸を置ける優れものです。

鍋を取りやすくしてくれる、伸縮自在のスタンド

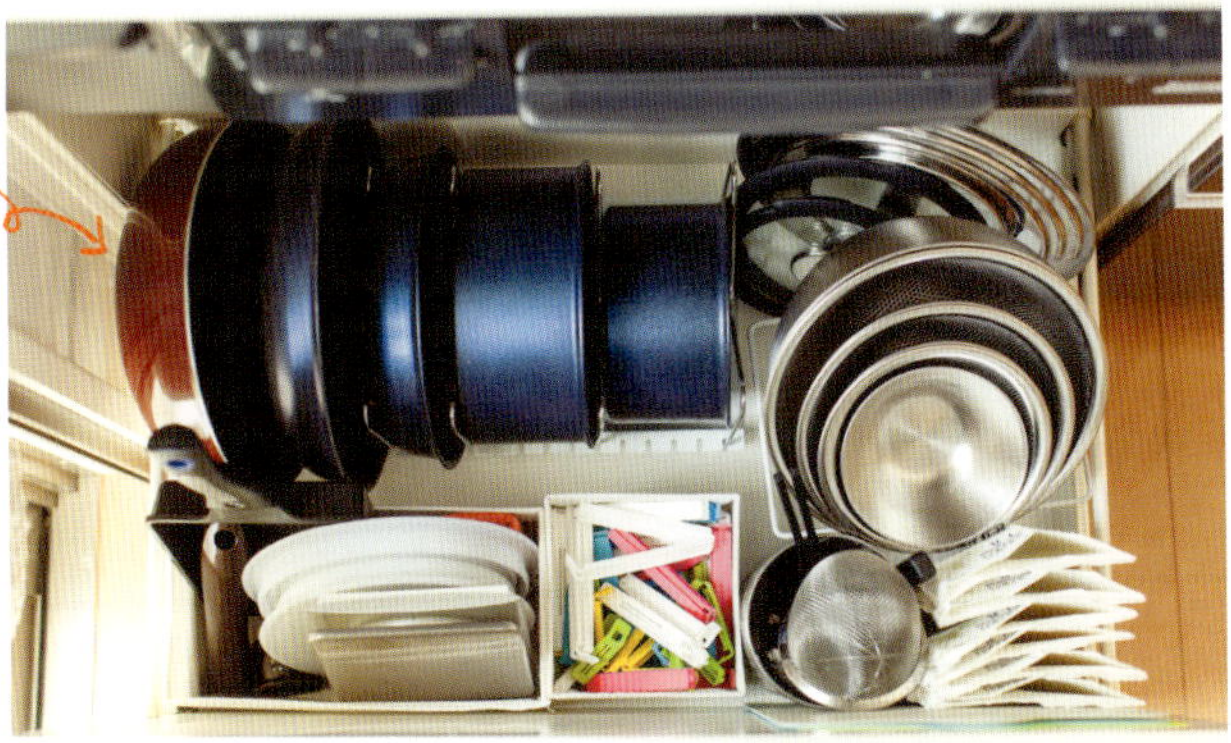

入れ子式のティファールを以前は重ねて収納していましたが、下の鍋を取るのが手間なので、どれもワンアクションで取れるようスタンドで個々に立てました。このスタンドは29㎝〜51㎝の間で調整でき、だいたいの引き出しで縦にも横にも置くことができます。
スタンド以外のところは、イケアの仕切りボックスを使用。ボウルはボウルスタンドに斜めにのせています。

＼使ったもの／

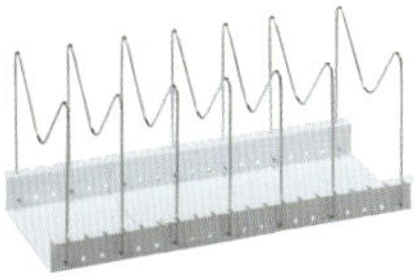

フライパン・鍋・ふた スタンド伸縮タイプ PFN-EX ¥2,980+税（編集部調べ）／伸晃

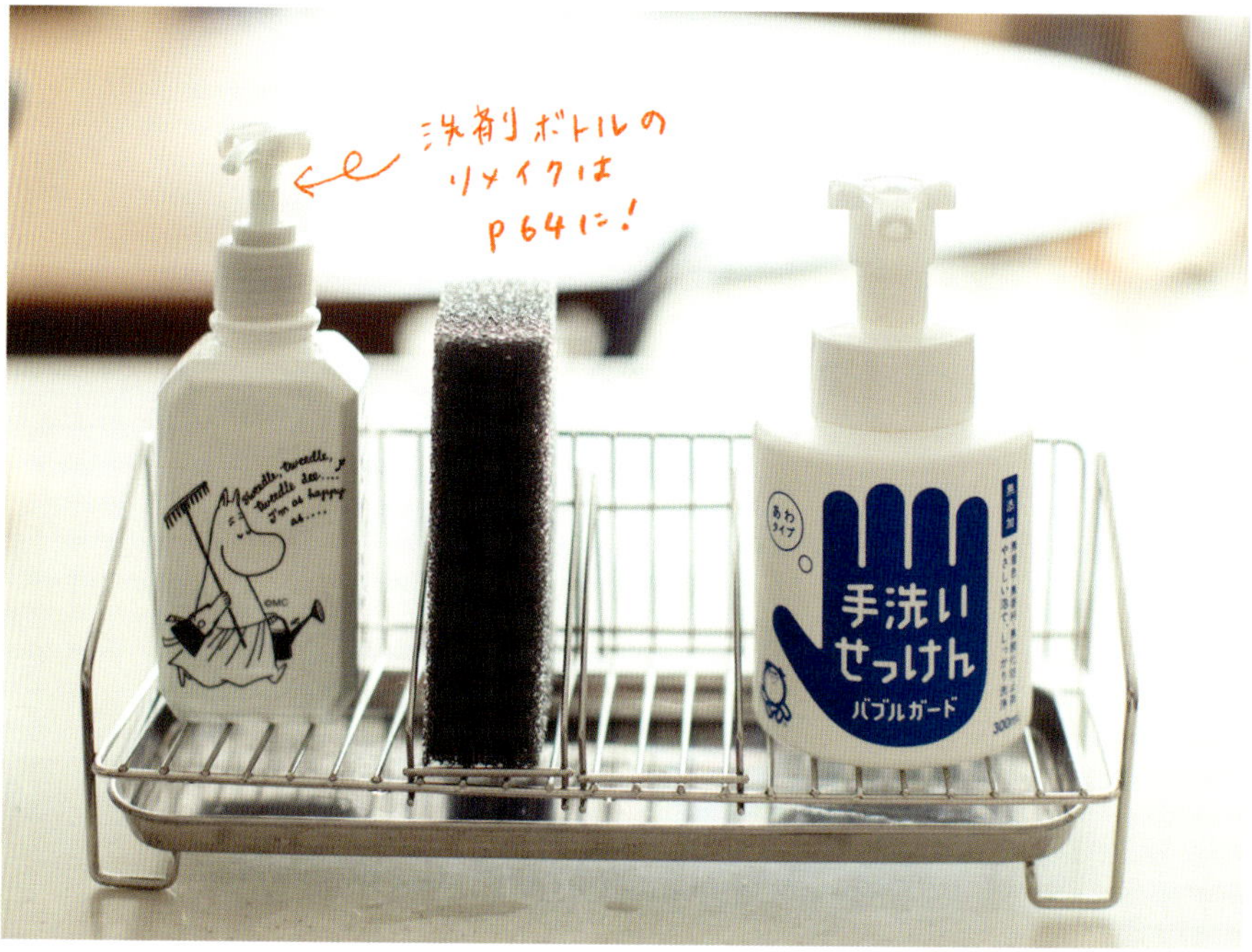

（右）手洗いせっけんバブルガード ￥600+税／シャボン玉石けん、
（左）サンセブンのサンサンスポンジ ￥198+税／ダイニチ・コーポレーション

シンクの外であれこれ置けるスポンジラック

大きいスポンジラックは、洗剤やハンドソープも一緒に置けて重宝しています。スポンジスタンドが付いていて、好きな位置に置けるので仕切りにも。わが家のシンクは小さいので、水受け付きで外に出せるラックが便利です。

スポンジは泡立ち、汚れ落ち、泡切れ、耐久性、すべてで文句なしのサンサンスポンジ。ハンドソープは「手！」と潔いデザインでジャケ買いした無添加で安心の手洗いせっけんです。

＼使ったもの／

TAKAGI スリムボトルスポンジラック ステンレストレー付
￥1,500（編集部調べ）／高儀

白がきれいな、倉敷意匠の水切りかご

倉敷意匠計画室（水切りかご）と野田琺瑯《ほうろう》（水受け）のコラボ商品。清潔感のある白がキッチンを明るくしてくれます。お箸入れは、専用のものは高いのでイケアの容器を引っ掛けて。

案外雑菌の温床となりやすい水切りかごは、毎朝アルコールで拭いて受け皿を水洗いしています。この受け皿で、ほかのものの漬け込み洗いをすることも。受け皿の下面が結露するので、古いスポンジワイプを敷いて置いています。

＼使ったもの／

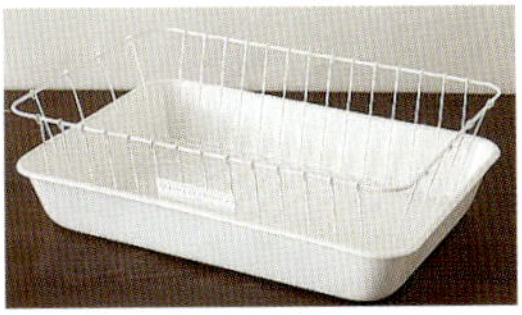

ステンレスワイヤー 水切りかご＋ほうろうトレイセット ¥6,700＋税／倉敷意匠アチブランチ

たくさん入ってスタイリッシュな生ゴミ入れ

ロスティメパル カリプソ コンテナー ￥1,800+税／スペースジョイ

デンマーク発祥の老舗キッチングッズメーカー、ロスティ社のゴミ箱「カリプソ」を作業スペースに導入しました。少し斜めになった口がゴミを入れやすいし、スタイリッシュ。大きいのでたくさん入って便利です。ちなみにわが家では、空いている冷凍庫の引き出しは生ごみの定位置。カリプソから出したら冷凍し、ゴミの日にまとめて出しています。

手入れのラクなステンレス水切り

パンチングストレーナー パンチング太郎L ￥1,000+税／下村企販

生協のカタログで発見した、ステンレス製の排水溝用水切り。賃貸住宅に多いプラスチック製の受け皿は、ぬめるのが早く、また生ゴミを取りにくいので取り換えました。これは網目が細かいのでゴミが入り込まず、トントンたたけばきれいにゴミが落ちてくれます。毎日さっと水洗いすれば、あとは週に一度重曹を振りかけて流す程度できれいを保てます。

Marigold　KITCHEN GLOVES（マリーゴールド　キッチングローブ）¥650+税／マークスインターナショナル

ストレスゼロのきれいなグローブ

手荒れしやすいので食器洗いのときは手袋を付けます。こどもがいるとたびたび呼ばれて、付け外しをする機会が多いものですが、ここ半年使っているマリーゴールドは、手にフィットしているのに張り付くことなく、着脱がとてもスムーズ。そのうえ苦手なゴム臭さがなく、食器をしっかりつかめるハニカム構造。大事なポイントをすべて網羅しています。少し値段はしますが、半年以上使っても穴が開かず、ゴムも柔らかく、新品同様の様子。安くてもストレスの多い、しょっちゅう買い替えの必要なものよりずっとお得な気がします。

キッチンは色があふれるとごちゃごちゃして狭く見えてしまうので、白やグレーの雑貨を選ぶことが多いのですが、グローブの黄色が明るい差し色になっています。きれいな発色で気分も明るく。

扉に挟めるタオルハンガー

住む家によって、シンク下は扉だったり引き出しだったりとさまざま。扉の厚みも違いますが、だいたいのシンク下で使えるタオルハンガーを発見しました。伸縮するので扉のサイズや用途によって横幅を変えることができます。

今かけているのは、北欧柄がお気に入りのティータオル（手拭きにしています）と無印良品のフックでこどもの食事用スタイ、クリップでキッチングローブを吊るしています。

＼使ったもの／

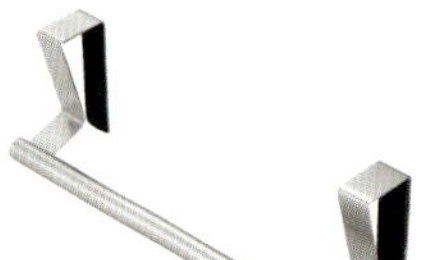

ステンレス キッチンタオルハンガー 18～30cm ¥1,400+税／カジュアルプロダクト（青芳製作所）

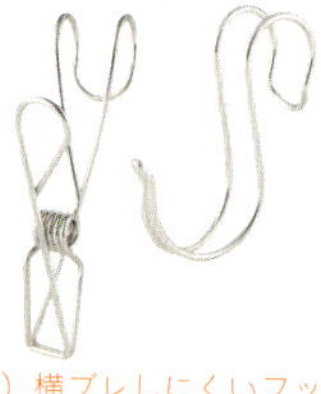

（右）横ブレしにくいフック 大2個 ¥350（税込）（左）ステンレスひっかけるワイヤークリップ 4個入 ¥400（税込）／無印良品

排水パイプをものともしない、手作り簡易棚

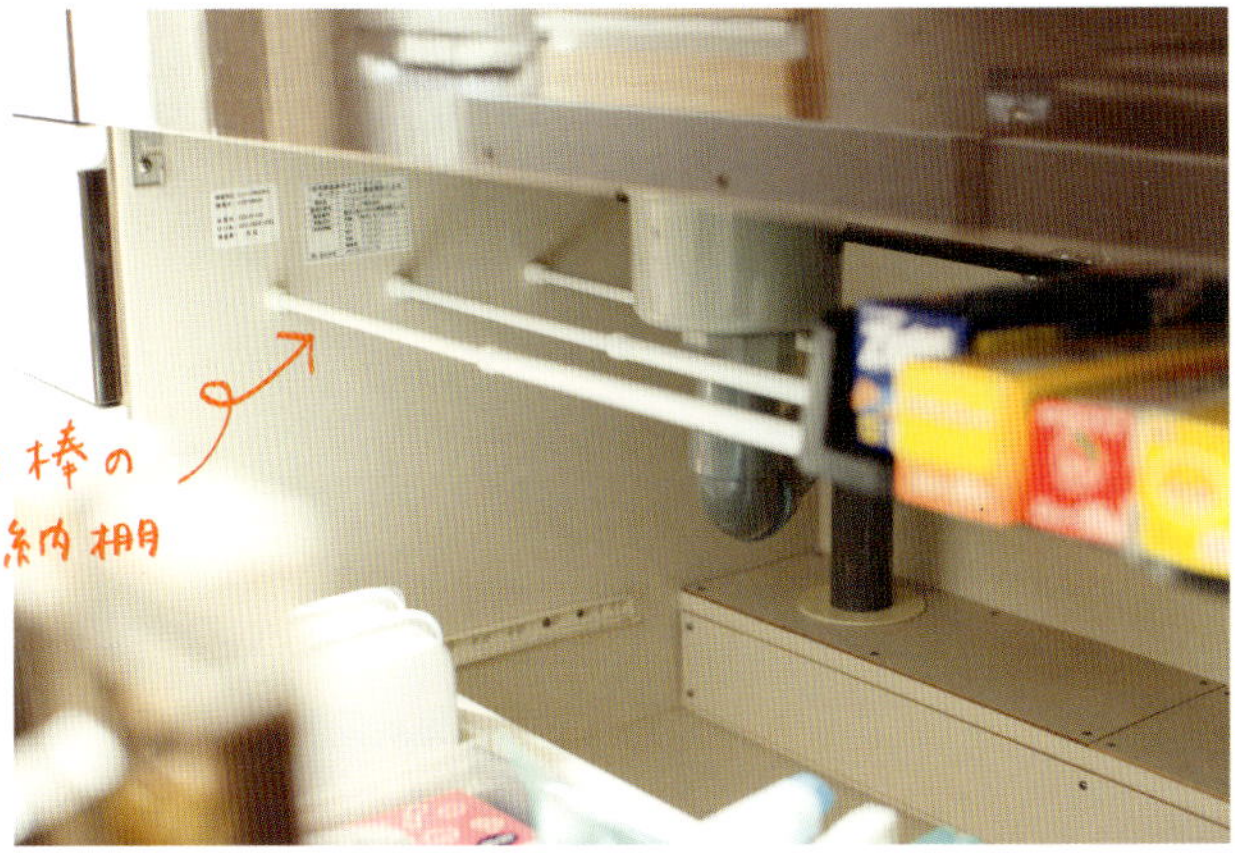

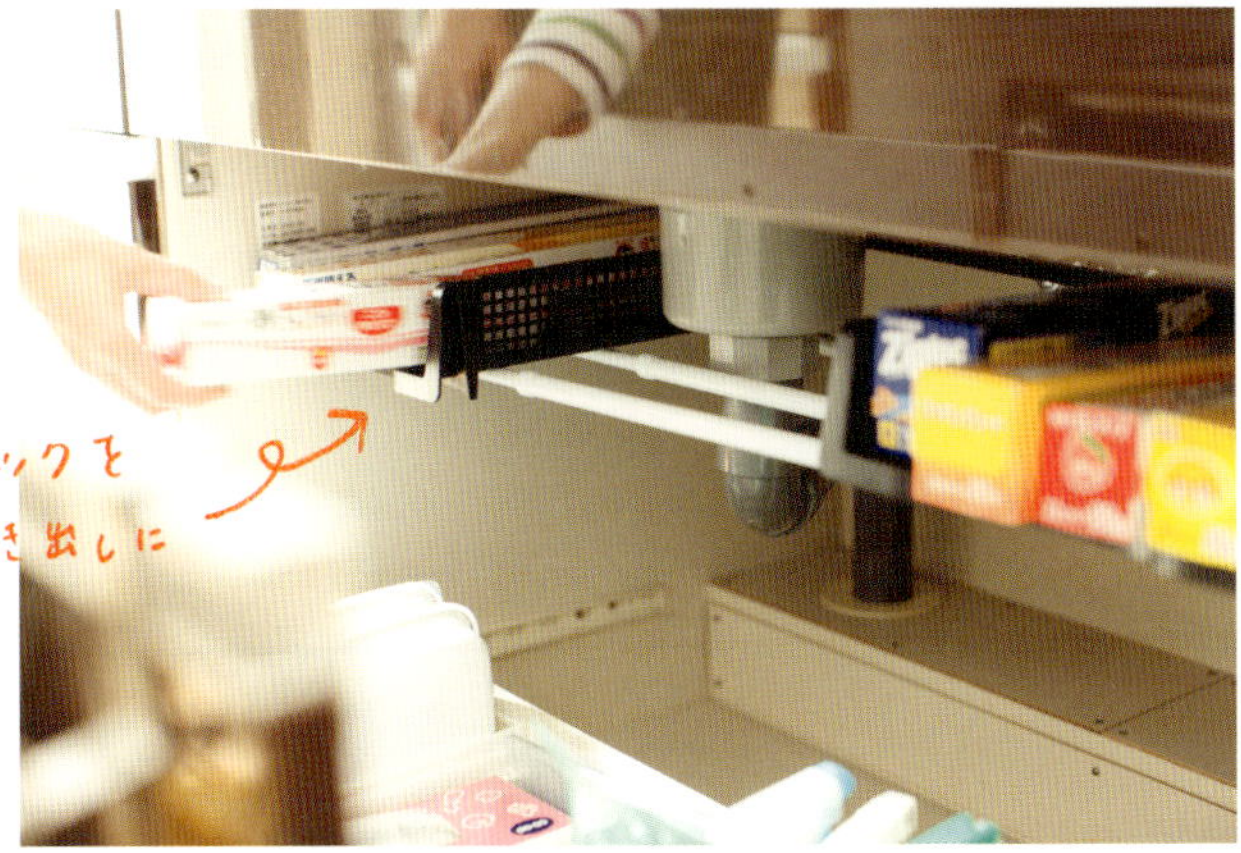

シンク下の引き出しに深さがあるため、上の方がデッドスペースになっていました。有効活用すべく、100均で突っ張り棒4本とレターラック2つを購入。

まず突っ張り棒3本は排水パイプをよけながら平行に張り、一番奥の1本（黒）は手前の棒より少し上に張りました。3本の上にレターラックをのせたときに、向こう側に落ちるのを防ぐためです。このラックには、ラップ類のストックを収納。これまでそれらを入れていた引き出しがガラガラになるほど、収納力のある簡易棚が完成しました。

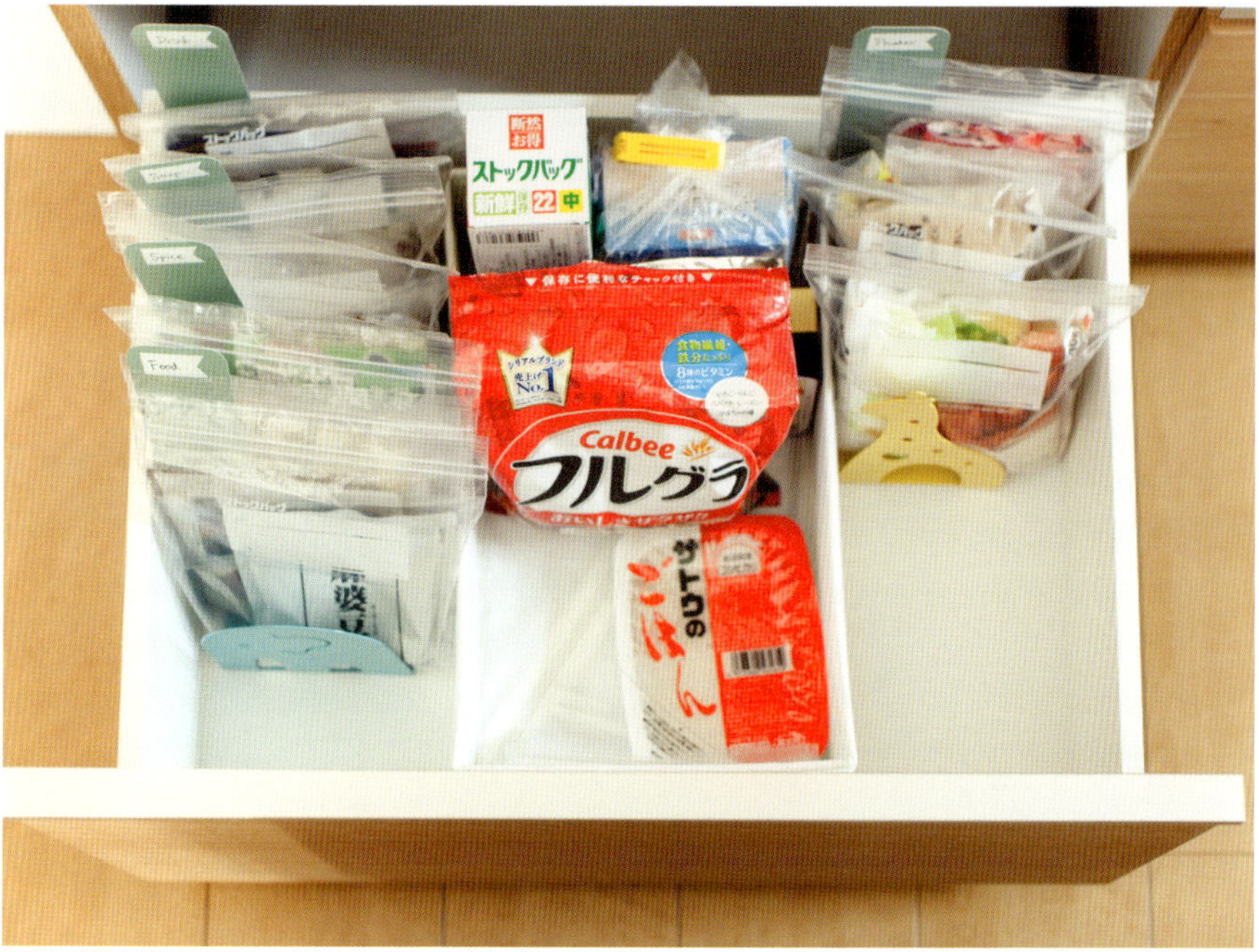

仕切りボックスとジップ袋で食材管理

食器棚の引き出し2段分に食材を収納しています。上の段には未使用のストック、下の段には開封した食材。それぞれ引き出しの真ん中にイケアの仕切りボックスを置き、左・中・右の3列を作ります。ジッパー付きや箱付きのものは中列、それ以外は同じサイズのジップ袋に入れて左右の列に。サイズが統一されて整然とし、圧縮されて収量も上がり、臭いも封じられて一石三鳥です。

スープ類、ふりかけ類などは本体のパッケージから出してジップ袋へ。厚紙で「drink（飲み物）」「powder（粉もの）」「soup（スープの素）」などと種類別にラベリングし、それぞれブックエンドで立てています。

ブックエンド象さん、キリンさん 各￥100＋税／ダイソー

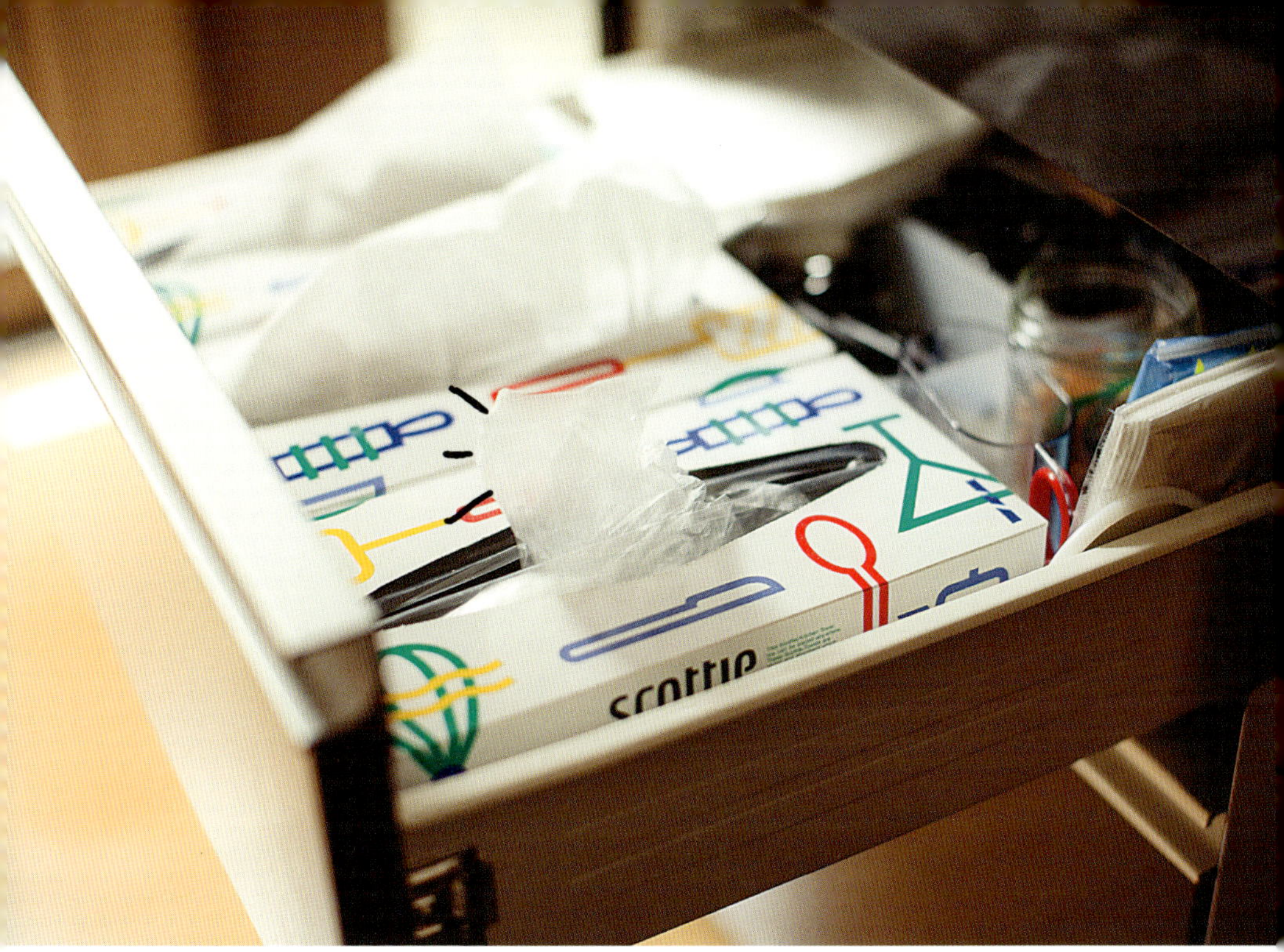

キッチンペーパーの空き箱にレジ袋を収納

暮らしの中のさまざまなシーンで、ゴミ袋として重宝するビニール袋。「袋の場所はここ」とひとまとめに収納するのではなく、うちでは「生ゴミ用」「ゴミ箱用」「おむつゴミ用」とそれぞれ使う場所ごとに収納しています。

生ごみ用の小さめ袋は、キッチンペーパーの空きボックスに入れて、キッチンの引き出しに。結んで丸めて放り込んでいるのですが、容量が大きくてかなりの数が入ります。しかも、取り出しやすいです。

このボックスをキッチンの引き出しに3つ並べ、中にはそれぞれ「レジ袋」「ティッシュ箱」「キッチンペーパー」と入れています。外からは見えない場所ですが、引き出しを開けたときに箱が揃っているのは気持ちがいいです。

ゴミ袋収納の時短技

45Ｌゴミ袋はクリアファイルに半分だけ入れて、面にかぶせるように折ります。バッグの中でよれず、１枚ずつ上に抜けて便利。

ゴミ箱にセットするレジ袋と、ゴミを集める45Ｌ袋を、布バッグに入れてゴミ箱横に吊るしています。レジ袋は結んで丸めて放り込み、45Ｌ袋はクリアファイルに入れて。

ゴミ箱近くで一気にセット用と回収用の袋を取り出せるのはとてもラク。動線が短くなり、なかなかの時短です。

ネットバッグ ￥100+税／Can★Do

キャンドゥで見つけたおしゃれなネットバッグ

もはや趣味と言っても過言ではない、100円ショップめぐり。店内を物色しながら、「こんなものまであるの!」と驚きの連続です。とはいえ、あれもこれもと買っていては家の中が雑然としてしまうので、「購入は厳選の上、1000円まで」とマイルールを設定しています。

そんな中、キャンドゥで発見したネットバッグ。フィルト社のネットバッグに限りなく似たおしゃれな存在感があります。そして100円だというのに安物感が薄く、しっかりした作りです。

キッチンにある勝手口のドアに掛けて、おむつゴミ用のレジ袋を入れてみました。取り出しやすいし、残量の把握もしやすい。見た目も悪くありません。こどもの砂場道具やボールを入れて、見せる収納にしてもよさそうです。

TJENA ふた付きボックス ￥499（税込）／イケア・ジャパン

ドリンクはイケアのボックスに集約

一日の終わりの癒しは、お風呂あがりに飲む炭酸飲料です。以前はコーラをまとめ買いし、そのダンボールにセリアのウォールラインステッカーを貼って存在感を消していました。今では飲むドリンクの種類も増えたので、さらに容量があるイケアのペーパーボックスを導入。水物は重いので、出し入れにはシンプルな収納がラクです。

最近は健康によく後味も残らない炭酸水をよく飲みます。このボックスは2Lペットボトルを立ててちょうどよい深さ。

横置きできる無印良品の冷水筒

夏の麦茶を入れるポットは、800㎖では足りなくなり2L容量の冷水筒に買い替えました。選んだポイントは、横向きに置いてもとにかく漏れないということ。パッキンが劣化したら交換用を購入できます。容器のくぼみが手にフィットして、満タン時でも持ちやすいのもいいところ。ちなみにお茶パック入れは、うちでは使わないので外しています。

アクリル冷水筒　冷水専用約 2L ￥790（税込）／無印良品

エスプレッソマシンが家にある幸せ

夫が「挽きたての美味しいコーヒーを家で飲みたい」と、ネットで購入したデロンギの全自動コーヒーマシン。豆の挽き具合やコーヒーの濃さをつまみで調整できて、コーヒー殻もギュッと凝縮した固形で出てくるのでお手入れが簡単です。パンを買ってきた休日などに、美味しいコーヒーでささやかなぜいたく。幸せなひとときです。

デロンギ マグニフィカ 全自動コーヒーマシン ¥35,000+ 税（編集部調べ）／デロンギ・ジャパン

夫こだわりの“一生もの”弁当箱

角型ランチボックス小２段 ミラー ￥5,200+税／アイザワ

夫が理想のお弁当箱を求めて探しまわり、最終的に通販で見つけた工房アイザワの弁当箱。彼曰く、「ボコボコになるまで使い込む一生もの」にするそうです。ステンレス製で臭いが付きにくく、密封性がいいので汁漏れしにくい。さらに、洗うときにぬめりが残らない優れもの。毎日のお弁当がより美味しく感じられるに違いありません。

伊砂文様の粋な風呂敷チーフ

チーフ伊砂文様両面ふろしき 菊 アカセイジ ￥800+税／ふろしき専門店 むす美

夫のお弁当は、伊砂文様の風呂敷チーフでくるんでいます。京都の型絵染色家・伊砂久二雄氏創作の文様がモチーフになっているそう。伝統技法と現代風アレンジの粋な和モダン。日本の文様や色には意味のあるものが多くて面白みを感じるし、大事に使おうという気になります。これは菊がモチーフで、朱色から覗く水色がきれいなお気に入り。

おやつの配膳に、こどもが喜ぶリンゴのトレイ

イケアの正方形トレイ（期間限定リンゴ柄）に、こどもたちの食事やおやつをのせて配膳しています。かわいい柄で、こどものウキウキ気分も上昇！　カウンターに置いてグラスを並べておくのにもいいかもしれません。

また、違う柄の同商品を、以前飼っていた猫・コロ助のご飯トレイにしていました。汚れてもさっと洗えて便利です。

BÄRBAR のトレイ ※ 写真のものは販売終了。

美味しそうに見える！憧れのウッドトレイ

以前カフェでウッドトレイが使われているのを見て、「すてき！」と憧れを持ちました。こんなトレイにのっていれば、私のズボラ料理でも美味しく見えるに違いありません。夜遅くに帰って来てひとりで食事をする夫に、定食風にのせて出すようにしました。一汁三菜がきれいに収まるサイズで、天然木のあたたかみを感じるお膳が好評です。

木製 トレー 羽反長角膳 ナチュラル 45cm ￥1,556+税／漆器とキッチン 祭りのええもん

（上段左・中央）KOMON 箸置 / 富士・波千鳥 各￥432（税込）／ KIHARA（キハラ）、
（上段右）白山陶器 とり型はしおき ￥600+ 税／ monsen

箸置きで彩る食卓の楽しみ

夫の実家では、食事のときには必ず箸置きを使います。私の実家にその文化はなかったので、結婚してすぐ雑貨屋で、夫が鳥の箸置きを見て「買おう」と言ったときは「いつ使うの」と思ったものでした。小さなこどものいる今となっては箸置きどころではありませんが、夫婦二人だったときは毎食きちんと箸置きを出していました。あるとやはり、食卓の彩りが違います。食事を丁寧に楽しんでいる気分が上がります。

その後、少しずつ箸置きは増えていきました。丸い箸置きは、妊娠中に産婦人科横にあったデパートで衝動買い。「富士山」「波千鳥」とおめでたい柄なので、安産祈願的な気分もありました。今では余裕のある日やお正月のお膳にひと花添えてくれています。

空き容器に箸置きを収納

　箸置きは引き出しのカトラリー入れに滑り止めシートを敷いて収めていたのですが、開け閉めするたび奥に寄ってぐちゃぐちゃに。困ったなあと思っているとき、いただいた水ようかんを食べていてふと、「この空容器、仕切りケースにぴったり！」とひらめいたのでした。

　さっそく洗ってセットしてみると、偶然にも6つの容器がぴったりフィット。すべての箸置きを種類別に収納することができました。

1パックに箸置き2つがちょうどよい。

ナプキン（mori）100 枚セット ￥300+ 税／倉敷意匠アチブランチ

「点と線模様製作所」のペーパーナプキンでもてなす

来客時に活躍するペーパーナプキン。私は大皿でお菓子を出すのですが、殺風景なテーブルにテーブルランナーを敷くように、お皿にランナー代わりとなって彩りを添えてくれます。人数が少なめのときには、小皿の上に敷いて個別にクッキーをのせることも。お菓子だけが皿にあるより、おもてなし度が一段階上がります。いいお菓子をいただいたときの自分のおやつでも、ナプキンを敷けば自分へのおもてなしに。より豊かで、いい時間を過ごせる気がします。

このナプキンは、「点と線模様製作所」の岡理恵子さんデザインのもの。華やかな点描画ながらシンプルな色遣いで、のせるものをより美味しそうに見せてくれます。100枚入り300円というお得感も素晴らしいです。

扉を外して、食器を見せる収納

今使用している食器棚は、本来20万円のものが傷物ということで半額でした。引っ越しで傷は付きがちなので、気にせず決めました。右一列を分離できて、住む家に合わせて置くことができます。

もとはガラス扉が付いていたのですが、サングラスのような色合いでキッチンが暗くなるので、自己責任のもと、思い切って扉を外してしまいました。するとキッチン全体が明るくなり、リビングから見える印象も段違いに。おかげでキッチンに立つモチベーションがだいぶ上がりました。

食器が丸見えになるということは、雑然とさせると生活感が出てしまうということ。食器同士の間隔を開け、「見せる収納」に置き換えていきました。左が和食器、右は洋食器、それ以外の白い器は右列など、統一感を持たせています。

（右）白山陶器 平茶わん U-20 ￥3,000+税／HAKUSAN SHOP、
（左）なぶり鉢（小）赤釉 ￥1,800+税／アリタポーセリンラボ

食卓に趣をくれる多用途な器たち

私は器が本当に好きです。食べ物も飲み物も、それそのものと同じくらい「好きな器に入っている」ことが大切です。

転勤族の今は、とにかく器を増やせません。買うとすれば多用途で徹底的に使いまわしの利くものであること。好みがしっかり合って、同じ頻度で使う夫へのプレゼンを経て、ようやく家に入れることのできた大切な品ばかりです。

その中でもとくに、日々活躍のお気に入りが右の平茶わん。ご飯、あえ物、煮物と料理を選ばず、何を入れても美味しそうに見せてくれるので、夫が唯一「何枚あってもいい！」と太鼓判を押す器です。左のなぶり鉢は、わが家で唯一の朱い器。ほかの器と合わせるのが難しいかと思いきや、和洋問わず差し色となって食卓を彩ってくれます。

北欧レトロを感じる和食器

このお皿、一見北欧食器のようですが、美濃焼という和食器です。縁取りの青い部分には「飛び鉋（かんな）」という技法が取り入れられており、細かな刻み模様がとてもきれい。トーストを置くのにちょうどよいサイズで、スープ皿などシンプルな器の下に重ねづかいをするのもおしゃれな感じになります。イッタラやアラビア、白山の食器とも好相性です。

T-KAMNA トレー（BL）￥2,000+税／インテリアエッセンス

白磁の美しい、便利な長方皿

白山陶器の白磁の長方皿。一度落として割ってしまったことがあり、またいつ失うかわからないので多めに持っています。取り皿、一品料理、スイーツなどに使える、わが家のマストアイテムです。四隅が少し反っているのと、葉脈をイメージしたラインが美しく、食べ物を品よく引き立ててくれるのがお気に入りポイントです。

長方皿（小）白磁 ￥1,400+税／ HAKUSAN SHOP

シンプルで美しい、料理を引き立てるガラスの器

アイノアアルト プレート S クリア、ボウル S クリア 各￥1,500+税／スキャンデックス

アイノアアルトのボウルは、照明が当たった時に落ちる影が水の波紋のようで、見ているだけで癒されます。

適当なサラダでも、これに入れれば特別なサラダに。プレートもシンプルで飽きが来ず、食材を華やかに引き立ててくれます。このシリーズは80年も前に生まれたそう。長く愛されることに納得の名品です。

定番グラスと、センノキのコースター

(右) アイノアアルト ハイボール ライトブルー ￥1,500+税／スキャンデックス、(左) ピカルディ 1130 ￥450+税／木村硝子店、(コースター) “flower” コースター 各￥1,400 (税込)／工房まめや

同じくアイノアアルト (右) と、デュラレックスもわが家の定番。手によくなじみ、パックのアイスコーヒーでもこれに注げば最高の一杯になります。定番商品は買い足せるのもいいところ。

コースターは飛騨高山で見つけたもの。センノキの木肌が美しく、花びらの形が愛らしい。5枚集めると桜の花になる、旅の思い出がこもった宝物です。

陶器市で発掘した万能カップ3選

（右）白山陶器 麻の糸 フリーカップ インディゴ ￥1,500+税／monsen、（中央）紅葉鹿絵 そば猪口 ￥580+税／BLUEGIRAFFE、（左）竹葉彫り 丸カップ ￥1,400+税／一真陶苑

実家の長崎には「波佐見陶器まつり」という大きい陶器市があり、帰省の楽しみのひとつです。掘り出し物を半額ほどの安値で買うのが、陶器市の醍醐味。

これらはそこで見つけた蕎麦猪口など。どれもお茶にコーヒー、アイスや果物、茶碗蒸しやあえ物と万能。家族は4人ですが揃えるのは2つずつとし、制限の中でなるべくたくさんの器を楽しみます。

より味わいを深めてくれる酒器2選

（右）香酒盃（M）／晶銀かすり ￥1,728（税込）／KIHARA（キハラ）

有田焼の窯元の人たちが地元焼酎メーカーと開発した、香りがテーマの焼酎用カップ（右）。香りが逃げにくく、口当たりのいい構造なのだとか。芋焼酎の好きな夫のお気に入りで、義理の両親にも贈って大好評でした。

左はきめ細かな泡が立つという信楽焼のビールカップ。持ち心地がよく、コーヒーも美味しく感じます。

column 2

日用品をリメイクでかわいく

昨年発売されたポンプタイプの「キュキュット」、すっきりした見た目に惹かれて購入しました。商品シールが簡単にはがせて、さらにシンプルな見た目に。食器用洗剤は通常、表に出しっぱなしで常に目につくところにあります。悪目立ちしないデザインはキッチンのきれいに貢献。

↓

日用品の見た目は、自分好みのデザインだと嬉しい。ただ、「洗う」ことが目的なので商品デザインまでベストは望めません。そんなときは、好きなシールやステッカーで見た目を変えて気分を上げます。ちょっとしたリメイクで、好きな色やキャラクターを暮らしに忍ばせます。

\使ったもの/

大好きなムーミンのステッカー

雑貨屋さんで発見！　どのキャラも活躍の日を待っています。 ムーミンステッカー 8枚入り Moomin Stickers ￥700+税／デザイン雑貨carro（カロ）、キュキュット クリア除菌 ポンプ オープン価格／花王

Chapter 3

玄関・サニタリー

外から来る人にとって家の顔となる玄関と、
清潔感が何より大切なサニタリー。
支度・家事・掃除をよりラクに、
効率よくこなせるものを導入したい。それが、
気分を上げてくれるお気に入りならなお嬉しい！

多用途な突っ張りラックを傘立てに

賃貸物件には傘立てが付いていることが多いので、傘立てを買ってしまうと将来持て余す可能性があります。そこで、ほかの用途にも使える突っ張りラックを玄関に導入し、傘立てにしてみました。壁と靴棚の隙間に設置して、下段に傘を、その上に折りたたみ傘を、一番上にこどものお砂場道具を吊るしました。棚の数と位置を調整できるのがありがたい。

このラックは洗面所で洗剤置き場にしたり、リビングで小物を飾ったり、キッチンで調味料を置いたりと自由自在。狭い空間を有効活用できる、今後の使い道を考えるのも楽しい収納用品です。

＼使ったもの／

シンプルデザイン つっぱり式 スリムラック ￥4,500+税（編集部調べ）／インテリアショップe-goods

玄関のラックに遊び心の人工芝

右ページのラックに、100円ショップの人工芝を敷いてみました。シンプルな白のラックに、ちらりと見えるグリーンがほどよい差し色に。安価なのに、なかなかリアルに芝の感じが出ています。傘の先端が滑らず安定するし、ホコリも目立ちません。汚れてきたら、ラックの棚と芝生を外して水洗いできます。

ちなみに傘は、こどもを抱っこしていても開けるジャンプ傘。こどもと荷物を抱えて普通の傘を開くのは苦行です。また傘の先端と骨の先が丸く、安全性の高いデザインであることも重要。気に入る柄のものをフランフランで見つけました。

＼使ったもの／

ダイソーのガーデンコーナーで見つけた人工芝。ラックの可動棚にチラシを当てて型紙を作り、芝生に当ててカッターで切り取りました。ほかにも使えるところがないかと遊び心が膨らみます。

芝生マット（30×30×1.7cm）
¥100+税／ダイソー

インテリアになる靴ベラ

サボテンのような靴ベラを置いたら、玄関にポップな風が吹きました。今の玄関には飾り棚もないので、こんな差し色も悪くありません。一度、宅配便の方に「そこの観葉植物の横に荷物を置いていいですか」と勘違いされてニンマリ。

いろんな家に住んできましたが、スタンド型の靴ベラはどんなタイプの玄関にも置けるし、使うときも取りやすい。倒れないようにスタンドの裏に粘着シールを貼っています。

＼使ったもの／

カクタス（スタンド付きくつべら）¥1,200+税／伊勢藤

ひっつき虫 ¥330+税／コクヨ
※現在は新パッケージで販売。

大好きな靴の手入れにシューキーパー

夫は革靴が大好き。TPOに合わせた靴を持ち、自分でお手入れするのを楽しんでいます。私も便乗して、靴の手入れをしてもらえるので大助かり。クリームを使って磨きこみ、革を育てています。

靴磨きは月に1度程度ですが、履くたびのお手入れはサササッとブラシ掛け。そして、必ずシューキーパーを入れています。レッドシダー製の無印良品のものは、消臭効果が抜群。形のキープというより、消臭目的で日々使用しています。

使ったもの

レッドシダーシューキーパー（25〜28cm用）￥2,490（税込）／無印良品
※上の使用写真はリニューアル前のものです。

洗濯ネット・小 約直径23cm ¥200（税込）、中 約直径33cm ¥300（税込）、大 約直径38cm ¥400（税込）／無印良品

実用性抜群！
機能美あふれる洗濯ネット

以前のうちの洗濯ネットは、100円ショップのものばかりでした。気になるのはいずれ毛羽立ち穴が開くこと、ファスナーが開いてきてしまうこと、そしてファスナーの色がファンシーなこと。

無印良品の洗濯ネットは、それらをすべて解消。目が細かくて丸い形状のためほかの衣類と絡むことがなく、何年経ってもほつれがなくファスナーも壊れず、色はシックな白とグレー。目が細かいのに汚れ落ちがいいのもポイントです。

無印良品の商品は一見すると「これ100均にもある」「比べると高い」と感じることもしばしば。けれどこの洗濯ネットなどは、実用性の高さにうならされます。お試しで小サイズを買いましたが、すぐによさがわかり大・中と揃えました。

快適ピンチハンガーの快適な収納

洗面所の棚上に無印良品のファイルボックスを置き、ピンチハンガーの定位置としています。手持ちのハンガーふたつを一緒に収納すると絡まってしまうので、ひとつにつきボックスひとつ。
このピンチハンガーは本当に絡まず、ステンレス製で丈夫です。挟む力が強く、その割に衣類に跡がつきにくいのも嬉しい。快適な使い心地で、洗濯物干しの負担がぐーんと減りました。

＼使ったもの／

ステンレスハンガーDL ピンチ28個 ￥5,500+税／大木製作所

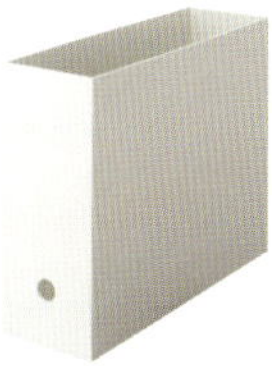

ポリプロピレンファイルボックス・スタンダードタイプ・A4用・ホワイトグレー ￥700（税込）／無印良品

優秀！ クリーニング店のハンガー

洗濯物を干すハンガーは、クリーニング店でもらったものを使っています。さまざまな衣類を扱っているだけに、そのハンガーも多様に対応。どんな洗濯物もしっかり押さえてくれます。

滑りやすいヒートテックが落ちず、キャミソールの肩紐を引っ掛けるくぼみがあり、フェイスタオルにもちょうどよい幅。ピンチハンガーの挟みがあとひとつ足りない！ というときに、頼もしい優秀アイテムなのです。

＼使ったもの／

Yシャツ用のハンガーは息子のズボンにちょうどいい。密集しているピンチハンガーより乾きがいいです。

（アイロン）ティファール プログラム8 パワージーンズ 400 FV9340J0／ティファール※販売終了
（アイロン台）moz アイロンスタンド ハイタイプ／アカツキコーポレーション※販売終了

アイロンがけの救世主、ハイタイプの台

妊娠中、床に座ってアイロンをかけるのがつらかったのでハイタイプの台に買い替えました。椅子に腰掛けて作業できます。エルク柄がかわいい雰囲気ですが、シックな色合いなのでどんなインテリアにもなじみます。天板が1m以上と大きいので、ワイシャツの身ごろをずらす必要がなく一気にかけられるのが助かりました。

アイロンは、「すべりがよい」と評判のティファール。スチーム付きを選びましたが、意外と園芸用の霧吹きを使った方が細かいミストでかけ具合がいいと感じています。

と言いつつ小さなこどもが2人いる今は、アイロンに手間をかけられません。形状記憶のワイシャツ、タオル地のハンカチなど、アイロンいらずのもの選びも取り入れている昨今です。

SUSUバスマット45×60 ¥1,980（税込）／山崎産業

いつもサラサラのバスマット「SUSU」

長年愛用しているバスマットがあります。ふわふわもこもこの毛足で、乾きが速いためいつもサラサラの「SUSU（吸う吸う）」です。誰かが入った後でもバスマットが乾いているのはとても快適。Mサイズ1枚でも、家族4人の水分を余裕で受け止めてくれます。

吸水力の秘密は、いそぎんちゃくのような吸水モール。表面積がとても広くなり、その分蒸発が速いそうです。足指の間にモールが入るので、くまなく足が拭けてスッキリします。

現在12色のカラー展開がされており、わが家ではどんな床色にも合うブラウンをチョイス。2枚常備し、洗濯しながらローテーションで使っています。洗濯後の乾きが速いので、冬でも曇りでも洗濯できるのも助かります。

（右）バスチェアー ライトグリーン、（左）ウォッシュボール ホワイト／ともにFrancfranc
※販売終了。現在は別シリーズでの展開あり。

色違いが肝！ ドロップモチーフのバスグッズ

水場に置くものは必要最小限に抑えて、ほとんどもののないバスルーム。その中でもかわいいバスグッズを楽しみたいと、フランフランでドロップモチーフのバスチェアと洗面器を購入しました。

ドロップ形なのは、バスチェアの水切り穴と洗面器のフチに開いた引っ掛け穴の形状。「よく見るとかわいい」という控えめな存在感で、全体的にはシンプルデザインなところがツボです。使用感もとてもよく、バスチェアは高めで立ち座りしやすく、洗面器は少し楕円でフチが広いので持ちやすい。

大好きなグリーンとホワイトでどちらか決めきれず2色になりましたが、それがかえってさまざまな家の浴室に合うことを発見しました。抗菌コートされているので、掃除が適当だというのに9年もきれいに使えています。

ガーゼタオル デイリーガーゼ￥1,000+税／サイバール

薄くて、肌当たりの優しいタオル

娘がまだ0歳で肌の弱かった頃、肌当たりの優しいガーゼ素材のバスタオルを探しました。見つけたのは、蛍光染料不使用で肌への負担が少ないという泉州タオルのガーゼバスタオル。「普段使い」をテーマに作られただけあって、お手頃価格です。

豊富な色の中から、娘には「シャーベット」を選びました。淡いグリーンのタオルで娘を包むと、親バカですがその姿がかわいくて。パイルとガーゼの二重になっていて、普通のガーゼ生地よりずっときめ細かな織りです。包まれた娘も気持ちよさそう。そして何より、このタオルシリーズはとても薄手なのが特徴。普通のバスタオルの3分の1くらいのスペースで収納できるし、乾きが速くて助かっています。

こどもを拭く間にハオリーナ

はおりーな♪バスワンピース 55 ブルーベリー
¥1,410+税／八木春

入浴後にパッと羽織ってこどもを拭いてあげられるタオルドレスを探しました。タオルショップで見たのはもこもこして乾きにくそうなものばかり。その中から、平面裁断で薄手の「ハオリーナ」を選びました。最初はフード付きを使用しましたが、乾きにくいのでフードがないものに買い替え。吸水性も高く、羽織ればいつの間にか拭き取れています。

吸水性抜群のMARKS&WEBタオル

オーガニックコットン ソリッドハンドタオル グレー
¥864（税込）／マークスアンドウェブ

洗顔用タオルは、安い上に拭くたび気軽に洗えるハンドタオルを愛用しています。ある日タオルを求めてマークスアンドウェブへ。ふわふわタイプのタオルと間違って、生地にコシのあるソリッドタオルを買っていたのですが、拭き心地さっぱりでいい感じ。肌触りもよく、リピート決定です。

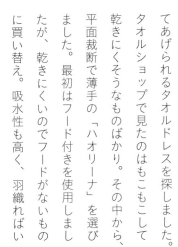

（右）ウタマロクリーナー ¥470+税／東邦、（中央）酸素系漂白剤 ¥400+税／シャボン玉石けん、（左）ユニットバスボンくんN-AL オープン価格／山崎産業

お気に入り掃除用品ベスト3

以前の私は、あらゆる場所の専用合成洗剤を揃えていました。重曹やクエン酸などのエコ洗剤の存在を知ってからは、「これさえあればどこでも使える」「安い」「無香料」「環境負担がない」と徐々に切り替えていきました。その中でも便利に使って感動しているのが、ウタマロクリーナーです。床、お風呂、キッチン、どこもかしこもシュッとしてフキフキ。二度拭きの手間はなく、ワックスをかけたかのようにピカピカになります。

酸素系漂白剤も、塩素系のような刺激臭がなく毎日の除菌漂白の負担がなくなりました。

また苦手なお風呂掃除の救世主がブラシのバスボンくんです。水だけで天井から床までざぶざぶ丸洗い。力もいらず細かいところに入り込み、お風呂掃除のハードルを大きく下げてくれました。

（右）消臭元スプレー イオンシトラス オープン価格／小林製薬、
（左）ドーバー パストリーゼ77 ¥1,058（税込）（編集部調べ）／ドーバー酒造

パストリーゼで どこでもピカピカ

日々のお掃除にアルコールスプレーのパストリーを使用しています。気になるところにスプレーして拭き取るだけで、たいていのところがピカピカになり除菌終了。ズボラな私もすっかり病みつきです。キッチンのワークトップやコンロのトッププレートなど、油汚れにもてきめん。生ゴミに一吹きすれば除菌消臭になり、食品に直接噴霧も可能なので安心です。

トイレにも1本常備しておき、汚れたらサッと一吹き。各部屋のドアノブや鏡も瞬時にピカピカ。虫よけにも効果があり、勝手口で使っていたらコバエが来なくなりました。簡単、多用途の掃除道具ばんざいです。ちなみにトイレに常備のもう一本は「消臭元」。このシリーズは見た目がおしゃれで香りもさわやかです。

トイレは清潔第一、シンプル第一

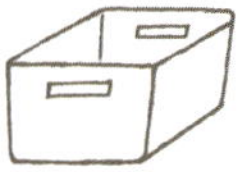

殺風景なトイレですが、飾りを置くと掃除がしにくくなってしまいます。清潔一番の場所だから、掃除のハードルを下げるためにも飾りはなし。

頭上の棚に、イケアのボックス(大)を2つ置き、掃除用品とサニタリー用品をそれぞれに収納。隠したいものだから、存在感の小さい、白くてシンプルなボックスにしました。

トイレ用掃除シートは箱に入れているとかさばるので、密封袋に入れています。流せるトイレブラシのブラシ部分も密封袋でまとめて。
VARIERA ボックス ￥599（税込）／イケア・ジャパン

トイレブラシは清潔第一、ラク第一

妊娠中に「トイレをきれいにしておくと、かわいい子が生まれる」というジンクスを思い浮かべ、トイレブラシを新調しました。きれいにしたい、それもなるべくラクに。というわけで流せるタイプのトイレブラシを導入しました。

ブラシの青い部分が洗浄成分を含み、緑の部分でイオンコートを施し、1週間便器内の汚れを防いでくれるそう。便器のフチ裏にしっかりフィットするのも嬉しい。

＼使ったもの／

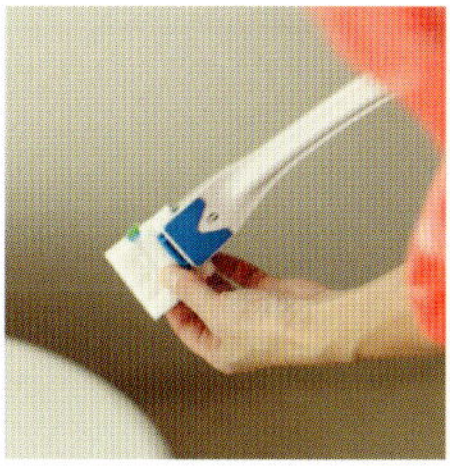

スクラビングバブル 流せるトイレブラシ オープン価格／ジョンソン

劇的な風量！ ソリスのドライヤー

同じものは販売終了。類似品は381ファーストドライ（業務用）￥25,500+税／ソリスジャパン

毛量がとても多い私は、夏場など汗だくになってしまい乾かしきれず、くせ毛がうねりにうねっていました。見兼ねた夫が買ってくれたのがソリスのドライヤーです。業務用だけあってものすごい風量！　その重さとごつさにははじめはたじろぎましたが、今は慣れ、これなしで髪は乾かせません。帰省にも携えていくほどのお気に入りです。

吸引力抜群な、かわいいミーレの掃除機

同じものは販売終了。類似品はミーレ掃除機
Compact C2シリーズ SDBO 0 AR Cat & Dog
￥50,000+税／ミーレ・ジャパン

古い掃除機の吸引力が落ち困り果てていると、夫がミーレの掃除機を推してきました。惹かれたのは、出しっぱなしでも絵になるデザイン性。当時は猫がいたので「キャット&ドッグ」というタイプを選択。週に一度かければほこりが溜まらないという恐るべき吸引力です。紙パック式で頻繁なゴミ捨てが不要だし、排出する空気もクリーンな優れもの。

（奥）ハーバルボディ&ハンドローション 無香料 ¥1,814（税込）／マークスアンドウェブ、（手前）パイルヘアターバン・細・チャコールグレー 約22×幅7.5cm ¥399（税込）／無印良品

一生つき合っていきたいケアグッズ

マークスアンドウェブのローションは、妊娠線予防に購入してからというもの5年以上使い続けています。ほかの高価な妊娠線予防クリームに比べて買いやすいお値段だったのが購入のきっかけですが、1人目も2人目も妊娠線がつかず、普段の肌の調子もしっとりといい感じ。

このブランドは植物由来の原料など、こだわりを持っていて、こどもにも使える無香料タイプはありがたい。生活感を感じさせないシンプルなパッケージもお気に入りです。

無印良品のターバンは、代替わりをしながら20年使い続けています。ゴムの収縮感がちょうどよく、パイル地の肌触りが心地よい。これから先もほかのターバンを買う気がしません。

ユースキンでひどい手荒れが解消

ユースキンA ポンプ260ｇ ￥1,505+税（編集部調べ）／ユースキン製薬

２人目出産後の冬、手荒れがひどくなってしまいました。おむつ替え、トイレ補助などで手を洗うたびにハンドクリームを塗る暇がないためです。そこでユースキンを寝る前にたっぷりつけてみたら、朝にはしっとりつるつるの手に。日に一度の使用だけであかぎれがピッタリ治りました。家族で使うので、大容量のポンプタイプをリビングに常備しています。

楽しい！冬の毛玉取り生活

毛玉クリーナー KD778 オープン価格／テスコム

ニット類はすぐに毛玉ができて悲しいので、あまり買わないようにしていました。それでも手持ちの服に毛玉ができて、「劇的に」取れるものはないかと調査。評判の高かったテスコムの毛玉クリーナーを購入しました。細かい毛玉が無数についたニットに使ってみると、驚くほどきれいに！　お気に入りの服が新品同様になり感動です。

お気に入りの缶を持つルール

こちら、小学生のときの裁縫道具を、嫁入りに際してお気に入りの缶に詰めた年代物です。包装紙から空き容器まで取っておきたい方で、限定缶などと聞くと中身より缶目当てで買ってしまいそうになります。引っ越しを重ねるうちに量は減らし、今はリビング収納の一画に入る分だけと決めて、かわいい廃材集めを楽しんでいます。

綿棒をお気に入りの缶に

耳かき付綿棒 50本入 ￥158（税込）／無印良品

片側が耳かきになっている綿棒を無印良品で発見しました。私は耳かきを人と共有したくないタイプ。これなら個包装だし、いつでも清潔なものを使うことができます。

入れているのは1年以上「何かに使いたい！」と切望していたムーミンのビスケット缶。ぴったり入って大喜び。さっそく見せる収納を楽しんでいます。

下駄箱の消臭剤を手作り

下駄箱に消臭剤として置いておいた瓶入りの重曹をひっくり返してしまい、再発防止に重曹を「薬包み」に。見た目もかわいく、靴の中に入れるのにもちょうどよいサイズです。

1 ペーパーナプキンを折紙サイズに切ります。

2 3枚仕立てのものは1枚にはがして、三角に折ります。

3 下辺を左→右と折ります。

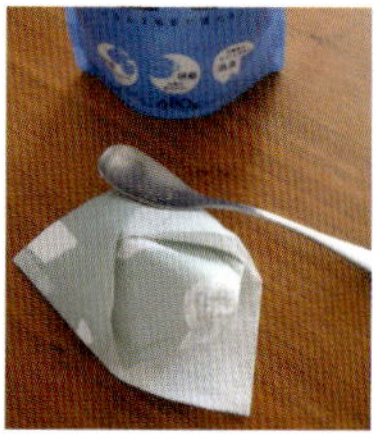

4 中に大さじ1程度の重曹を投入。

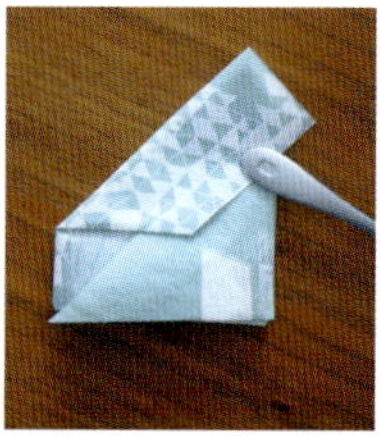

5 左上を斜めに折って閉じます。

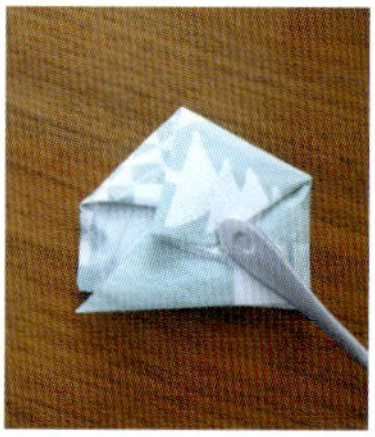

6 右上も折って家の形に。

7 内側に巻きこんでとめます。薬包みという昔からの折り方。

8 マスキングテープに製作日を書いて、折り目に貼ります。

9 下駄箱の棚にひとつずつ。3カ月で取り替えます。

＼使ったもの／

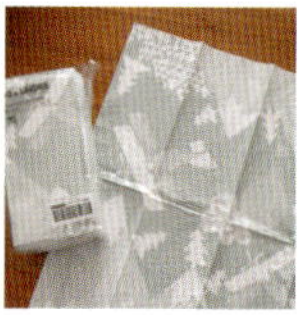

余ったペーパーナプキンで

好きな絵柄なので、靴を取るたび目に入るのが嬉しい。
※現在販売終了

家にあるもので手軽に

家中で使いまわしている重曹を利用。シャボン玉重曹 ¥400+税／シャボン玉石けん

Chapter 4

こども

こどもが生まれ、生活はこども中心になります。
ちょっとした雑事が膨大になり、
休みなく重なる育児の日々。
少しでも育児がラクになるもの、
育児を楽しく思えるものに出会いたい。

ベビーグッズの選び方

子育てはお金がかかります。とくにベビー用品は短期間しか使えないので、なるべく安く購入するように。また使用期間を終えたらほかの用途に使えるものを探します。よく利用するのはリサイクルショップ。バウンサーもベビーゲートも中古とはいえ状態もよく、何の問題もなく使うことができました。1500円で買ったキャラクターの車の乗り物など何年も息子のお気に入りです。

ベビーバスは多用途に使えるようにと、息子は発泡スチロールの魚箱、娘はプラスチックの衣装ケースで代用しました。お湯を抜くのが一苦労でしたが、今もそれぞれ別用途で活躍しています。

QUINNY ZAPP オープン価格／GMPインターナショナル

段差にも強い3輪ベビーカー

安定感と押しやすさが大事なベビーカー。小回りが利いて扱いやすいクイニーザップを知人から譲り受けました。軽い押し心地で、ちょっとした段差なら前輪を持ち上げなくても乗り上げてくれる頼もしさ。男性が持ってもおかしくないスタイリッシュなデザインも夫婦揃って気に入りました。見た目が個性的なので、児童館に行ったときにすぐに見つけられます。

一点注意が必要なのが、安定性があるゆえ少し重いこと。私の生活では問題ありませんが、バスに乗るなどたたんで持ち歩く必要のある人にはあまりおすすめしません。

同じものは販売終了。類似品はベビーチェア ¥34,000+税／柏木工

世代を超えるベビー用品

夫がこどもの頃に使っていた、柏木工のベビーチェアを実家から譲り受けました。アンティークなデザインと、年月を経た風合いがとても好きです。大事に保管してもらって、状態もとてもきれい。ベビーベッドも、夫の実家にあったものを使わせてもらいました。竹と藤でできていて、脚を折りたたむことができます。コンパクトで持ち運びもできる、今ではお目にかかれないありがたいベビーベッド。なんと義父が赤ちゃんのときから使っていた70年ものでした。義父、夫、息子、娘と3代でお世話になり、さらに次の世代でも使えるようにと義父はお手入れをしてくれました。

世代を超え、大切に受け継いだもので大切なこどもを育てていく。ものにも、親にも、こどもにも、あたたかい気持ちがこみ上げてきます。

キッズアンブレラ ベア ￥1,900+税／ビスク

こどもグッズ選びのマイルール

引っ越すたび、自分の趣味と合うこども服や雑貨のお店を探します。今いる名古屋ならオンセブンデイズ、大阪にいた頃ならイオンモール専門店街に好みの店を見つけました。

息子のフライングタイガーの傘が壊れたので、お店で見つけたベアラビに買い替えました。ボーダーまじりのかわいい色合わせで、息子も喜んで使っています。いずれ「〇〇ライダーの方がいい」と言い出しそうですが、今は外から見えない下着にキャラものを配し、「ライダーはここにいるからね」と言い聞かせています。

ちなみに、購入するこども服の相場は2000円前後を目安に決めています。それ以上ではあっという間にサイズアウトしてしまいもったいないので、ほどよく質のよいものを探します。

エコバッグにおむつセットを収納

昔、イッタラで買ったエコバッグ。マチがあって容量たっぷりなので収納に使っています。以前は洗濯機の上でタオル入れに。現在は紙おむつ、おしり拭き、ペットシーツ（おむつ替えシートとして）、ゴミ袋をひとまとめにして「おむつセット」としています。スナップボタンが付いているので留めればホコリが入らないし、バッグなので持ち運びがしやすい。家であまりがちなエコバッグ、収納にも活かせます。

＼使ったもの／

驚異の防臭袋BOS（ボス）Sサイズ200枚入 ￥1,890（税込）（編集部調べ）／クリロン化成

抱っこひも用 よだれパッド グレー＆ドットピンク ¥1,287+税／ベビージャクソンズストア

今治タオルのよだれパッド

長男がよだれの多かったころから、抱っこひもには今治タオルのパッドを愛用。抜群の吸水性で、肩紐に沿って上下にずれることがありません。カラーバリエーションがいろいろありますが、どれもシンプルで裏は無地(写真のものはグレー)のリバーシブルなので、パパが付けても大丈夫。贈り物にもおすすめです。

抱っこひもは、最初は腰ベルトのないものを使っていました。友人に「腰ベルトがあるとラクだよ」と勧められ、つけてびっくり！　すぐにトイザらスへ駆け込み、さまざまなメーカーの腰ベルトタイプを試着。一番フィットして息子の機嫌がよかったエルゴを選びました。小柄な低月齢の赤ちゃんは足が開きすぎるという声も聞いたのですが、息子は8カ月のときでちょうどよかったです。

大量のものにポンポン押せるネームハンコ

下の子の出産に伴い、上の子を一時保育に預けていました。持ちものに名前を書く必要があり、このスタンプが大活躍！　ポンポン押してあっという間に名前つけが完了します。

文字を自分で選んでセットできるので、兄弟や友人に使いまわすことも可能。小学校でも使えるし、ひとつあるととても便利です。

おなまえスタンプ 大・小文字セット ￥1,380+税／シヤチハタ

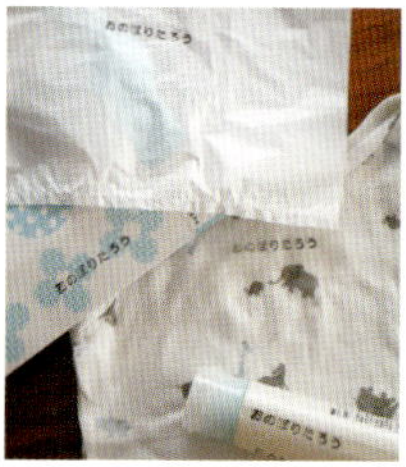

ビニール、プラスチック、金属、布などさまざまな素材に押すことができます。

あらゆる幼稚園グッズに貼れるネームシール

布に接着できるアイロンシールがあり、幼稚園グッズに大活躍しています。文字列の縦横、イラストの種類を自分で選ぶことができて、息子はお船のイラスト+名前のシールを選びました。イラスト付きは、文字を読めないうちから自分のものを把握できていいようです。

コップやクレヨンなど曲面のものにはおなまえシールを利用しました。

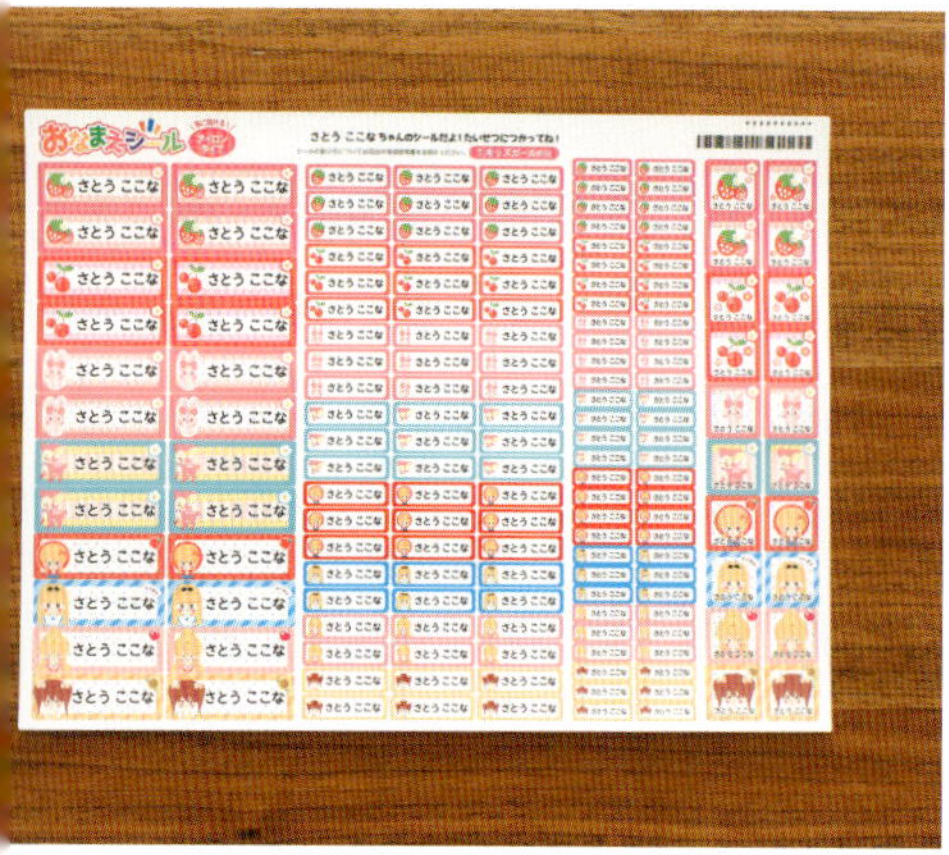

おなまえシール ￥1,650+税／はんこ奉行（中條）
※記載している名前はサンプルのものです。

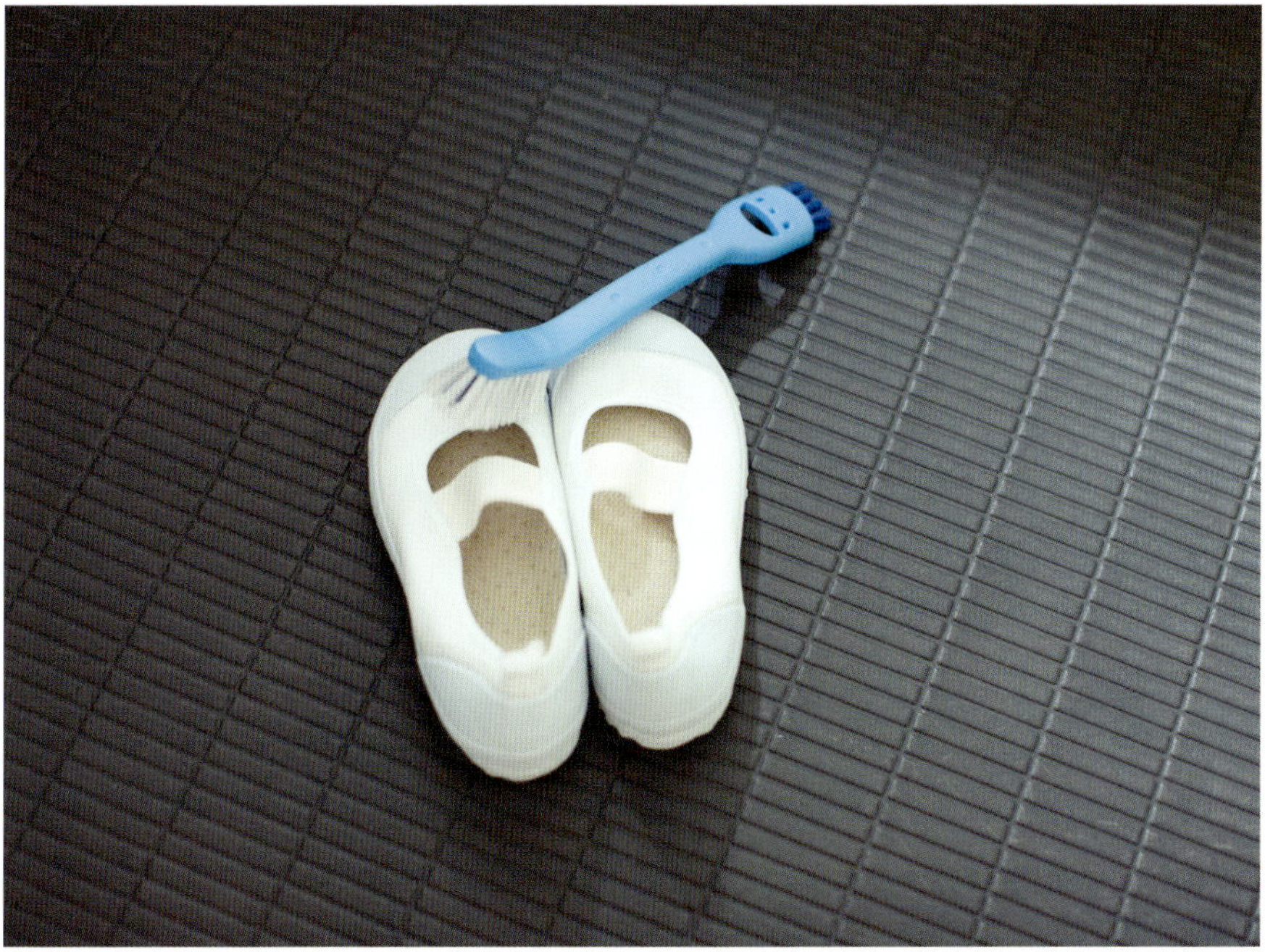

わんぱくシューズブラシ ¥450+税／マーナ

靴洗いが楽しくなる、かわいいシューズブラシ

毎週末の上履き洗い、面倒くさがりの私にとっては大仕事です。せめて気分の上がるシューズブラシがほしい！ ということで探し当てたのが「わんぱくシューズブラシ」。

握りやすい形状で、とがったブラシがつま先の先の方までフィットしてくれます。泡立ちがよく、こすりやすい。靴底の砂利を落とす泥かきと、細かい部分までしっかり洗えるミニブラシもついています。

ニコッとかわいい表情に癒され、洗いやすさに助けられ、重い腰を上げて上履き洗いに取り掛かれます。いずれ長男も小学生になったら、ぜひとも自分でがんばって洗ってほしい。こどもでも持ちやすく洗いやすいこのブラシが、その布石となりますように……。

ベビーフィート スニーカーグレー ¥2,100+税／エド・インター

かわいい室内用のファーストシューズ

本格的に歩き出す前に、室内で靴を履く練習をするためのトレーニングシューズ、ベビーフィート。出産祝いでいただいたのですが、おうちの形の包装にまず「かわいい!」。開けてまた、小さくてユーモラスな靴に「かわいい!」とわくわくするので贈り物にぴったりです。

靴に慣れていないと、いきなり外で履かせても違和感で歩けない子もいます。このシューズで靴の感覚を知っておけば大丈夫。つま先と裏全体がラバーで覆われているので滑りにくいし、冬は防寒になりベビーカーでのおでかけにも使えます。

出番を終えたうちのベビーフィートは、今リビングの飾り棚の中でちょこんと立っています。目に入るたび、かわいかったよちよちあんよの思い出がよみがえるのでした。

一年中気持ちいい、きのこ柄のスリーパー

ホッペッタの6重ガーゼスリーパーは、きのこの柄がなんともかわいく、かぶせられた姿がたまりません。夏は汗を吸ってサラサラに保ってくれるし、冬はふんわりとあたたかさを保ってくれる。これでお布団からはみ出ても安心です。

洗濯を重ねるとどんどん柔らかく、触り心地が一層優しくなっていくのも嬉しいところ。

Hoppetta シャンピニオン 6重ガーゼスリーパー
￥3,800+税／10mois

よだれマンにうってつけの傑作スタイ

よだれの多かった息子に欠かせなかったのが、マムトゥーマムのスタイです。表面は吸収のよいタオル地で、裏地が防水生地なので服によだれが染みません。もしこれがなければ、一日中着替えの日々だったことでしょう。5カ月頃から2歳半まで、メインで使っていました。息子は塩顔なので、差し色系の明るいカラーを選んでコーデを楽しみました。

バンダナ・ワンダービブ（レッド、オレンジ、ターコイズブルー、ライム）各￥1,200+税／ノット

冬のアウター事情

息子の出産祝いにいただいたトッカのマント。抱っこひもの上から羽織らせることができるので、外出準備がパッとできてとても便利です。色もネイビーなら男女を問わず、息子から娘へと兄妹で長く使えます。ほかの服も兄妹で使えるように、ノルディックデザインなどユニセックスなかわいいものを選んでいます。

冬のアウターは、もこもこしてかさばります。秋、冬、真冬とそれぞれに適したアウターを2人分持つと、それだけで大荷物。うちではこのマントのほかは、ダウンベストとダウンジャケットを各1枚ずつと決めています。ベストの下に半袖と長袖を重ねたり、長袖だけにしたりと下を変えることで気温に応じて微調整。アウターの増殖を防いでいます。

お星さまのあったかおくるみ

Tuppence & Crumble 星型アフガン スターラップ 4-10M ￥6,000+税／コントリビュート

赤ちゃんをくるんでカシュクールのように左右の布を合わせるだけで、ボタンやファスナーをしめる手間のいらない楽ちんおくるみ「スターラップ」。手足の先までくるんでいるけど、赤ちゃんが自由にバタバタ動けます。その様子のかわいいこと！　寒い日でもこれにくるんでさえいれば、安心して抱っこやベビーカーででかけられました。

よそいき服にもできるベビードレス

同じものは販売終了。類似品はフォーマルドレス キララ、プチフローラ各￥15,000+税／赤ちゃんの城※サイズ：50cm〜70cm

息子の出産直前、母にベビードレスを買ってもらいました。お腹の子は男の子とわかっていたので、フリルたっぷりのデザインよりシンプルなもの……と考えていたら、デパートのベビー用品売り場で発見。退院時とお宮参りで着せましたが、ロンパースと合わせるなどすれば記念撮影や結婚式のお呼ばれ、ちょっとしたおでかけ着にもよさそうです。

洗うのが簡単な100円マグ

100円ショップで見つけた、ストローマグ。手持ちのストローをそのつど挿す仕組みなので、毎回取り換えられて衛生的です。家で牛乳を飲ませるときなど重宝しました。

ありがたいのは、つくりがシンプルで細かなパーツがないこと。普通のキッチンスポンジで簡単に洗えるので、複雑なマグを洗うときの憂鬱さとは無縁です。

漏れ知らず！サーモスのマグ

同じものと保冷ケースは販売終了。後継品はサーモス ベビーストローマグ（NPA-340）￥2,000+税／サーモス

サーモスのマグのよさは、とにかく漏れないこと。以前使っていたものはバッグの中で漏れたため、ビニール袋に入れて携帯していました。袋の中がびしょびしょのストレスから解放されて、万歳！

専用の保冷ケースにはストラップが付いていて、バッグの取っ手などに取り付けることも可能。外出時も家の中でも、お茶を飲むのに大活躍です。

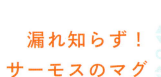

エジソンのスプーンで苦手克服

息子は1歳半まで自分でスプーンを使えませんでした。周りの子がエジソンのスプーンで食べているのを見て、導入してみたらあっさり使えるように。どうもおさじのヘリが平らで食器にフィットするのが使いやすいようです。以降、4歳の今でも愛用中。ケースが付いていて持ち運びもできるし、長く使えてエジソンさまさまなのです。

エジソンのフォーク&スプーン ケース付
¥1,000+税／ケイジェイシー

ののじで難なくマスター正しいお箸の持ち方

息子はわっかの付いたこども用のお箸を使っていましたが、わっかがないとイライラして投げ出してしまいます。ののじのお箸をダメもとで持たせてみると、なんということでしょう。はじめは下手でしたが、とくに熱心に教えることもなく、すぐにブリッジを外して普通の箸を持てるように。マスター目指してぐんぐん上達中です。

ののじ はじめてのちゃんと箸 S（18cm）グリーン
¥1,200+税／レーベン販売

食べこぼしを しっかりキャッチするスタイ

食欲旺盛なこどもたちのお食事タイムに欠かせないのが、ベビービョルンのソフトスタイです。ポケットが大きいから食べこぼしをしっかりキャッチ。食器と同じようにスポンジで洗えて、拭けばすぐにまた使えるので助かります。最初は固いストラップに違和感があったのかずいぶん嫌がりましたが、好物を出すときに使っていたら慣れてくれました。

ベビービョルン ソフトスタイ ￥1,200+税／ベビービョルン

こどもにピッタリの 割れないグラス

雑貨屋で見つけた、まるでガラス製のようなアクリル樹脂のグラス。割れない、軽い、据わりがよい、しかも豊富なカラーバリエーションでこどもにぴったりだと思いました。うちでは水色、青、ピンクを購入。お友だちが来ても自分のコップがわかりやすいし、とにかくかわいいです。割れなくて軽くてひっくり返りにくいので、アウトドアにもよさそうです。

イルミネーション 225mℓ ￥450+税／サントレーム

成長に合わせられる無印良品のシェルフ

飾り終わった製作物はここに。あふれたら写真を撮って処理。紙製A4収納BOX シルエット柄（34×24×26cm）￥100+税／ダイソー

幼稚園児の息子の制服類は、無印良品のユニットシェルフにまとめています。棚板を動かしたり増やしたりできるので、成長に合わせて調整可能。バーやサイドの棚板にフックを付ければ、帽子やカバンをかけられます。下の段には100均のA4ボックスを並べ、片方にオフシーズンものや消耗品ストック、もう片方は製作物を入れています。

飛び出す！アニマルアルバム

日に日に増えてゆくこどもの写真は、このアニマルアルバムに整理しています。トラのほかパンダ、シロクマ、キリンなど全9種。動物たちがマグネットで表紙を押さえていて、開くと飛び出すお茶目なデザイン。背表紙も裏表紙もどこから見てもかわいいので、飾り棚のガラス扉で見せ収納しています。1冊につき収納できるのはL判100枚。帰省の折にはこれにダイジェスト版をつくり、両実家に贈っています。

コレクションアルバム アニマル ¥1,700+税／マークス

『おつきさま こんばんは』¥800+税、『がたん ごとん がたん ごとん』¥800+税／ともに福音館書店、
『かわいいてんとうむし』¥1,600+税／大日本絵画

こどもがはまった 絵本3選

こどもたちはまださほど本に熱中しないのですが、そんな中でもはまったのがこの3冊。『かわいいてんとうむし』は、珍しく息子がお店で自ら手に取ったもの。立体的なてんとうむしが付いている穴あき仕掛け絵本で、絵も内容も本当にかわいい。1歳で買って、4歳の今もお気に入り。数の練習にもなっています。

『がたんごとんがたんごとん』は息子も娘も大好きで繰り返し読むよう何度もせがまれました。安西水丸さんのイラストが好きで買ったのですが、こどもたちにも気に入ってもらえて嬉しい。『おつきさまこんばんは』は、息子がおつきさまの表情に合わせて泣き顔をしたり笑ったり。

もっと本を好きになってほしいので、夢中になれる本をさらに模索したいと思っています。

BRIOクラウン ¥3,000+税／ブリオジャパン

飾って楽しむおもちゃ

見ているだけで楽しくなる、木のおもちゃ。しまっておいてはもったいないし、インテリアも兼ねて飾りながら収納しています。おもちゃのカラフルな色合いは、自然と部屋の差し色に。おしゃれな上になめても安全なので、以前から木のもので遊ばせたいと憧れを持ってもいました。

1歳半時点での息子の一番好きだった木のおもちゃは、ブリオのクラウン。棚にあるので、気になったときにいつでも自分で取ることができます。飾る収納のいいところは、こどもの目にも入りやすく、幼くても自分の意思で自分で取れること。

そんないいことの一方で、手に取っては投げる！叩きつける！とあまり温もりある使い方でないのは男子の特徴なのでしょうか……？ 8つの木のパーツ、どれかが行方不明になることも。

6カ月の頃に、お友だちが持っていたものをつかんで離さず。おもちゃに執着したのが初めてだったので嬉しくてすぐに購入しました。揺するとカラカラと木の音がして心地よいです。スクイッシュ ¥2,700+税／ボーネルンド

小児科の待合室でビーズコースターを気に入っているのを見て買いました。1歳時点では見向きもしませんでしたが、その後一時的にはまりました。ビーズコースターマウンテントレインズ ¥7,000+税／友愛玩具

娘の出産祝いにいただいたアンパサンドのキッチンセットは、自分が遊びたいほどのかわいさ。パネル部分を外してたためるコンパクトサイズです。今は息子が独占してしまうので、娘が3歳の誕生日まで大事に保管しています。

ジジのおえかきハウス。かわいいデザインと、絵を描くのが大好きな息子にぴったりと思い購入。ボードはカラー4色で、描くところによって赤や青に変わります。今は娘のお気に入り。oekaki house ¥6,900+税／Kukkia

ものを投げるのが大好きなこどもは大喜び。水色が13cmで緑が18cmのドッジボールサイズ。転がっていても絵になります。同じものは販売終了。類似品はクロコダイル・クリーク 18cm ボール ¥1,550+税、13cm ボール ¥1,250+税／アンジェ web shop

10種類の動物たちを穴から入れたり、バスを引っ張って遊べます。息子が1歳を過ぎた頃からかなり食いついていました。4歳の今でも活躍中です。同じものは販売終了。類似品はアニマルビーズバス ¥3,200+税／エド・インター

手軽に楽しめる100円のおもちゃ

おままごとの食材も100均で揃う

トントンクッキングセット ¥100+税／ワッツ

100円ショップに行くと、必ずおもちゃコーナーをチェックします。切るまねができるおままごとの食材も、豊富な種類が100円で揃います。しかも一袋に数個入っているものまで！　安くてもクオリティが高く、ホットドッグもハンバーグも美味しそう。息子も娘もままごと遊びが大好きなので、安価でたくさん揃えられてとても助かります。

100円でも光る！女子のあこがれ変身ステッキ

ハートフルタクト ¥100+税／ダイソー

女の子が大好きな変身ステッキ。テレビでやっているキャラクターものを買えば何千円としますよね。ところが100円でもステッキは買えるのです。きちんとボタンがあって、しっかりピカピカ光ります。これならどんな女の子だって変身可能！

ミニカーもバケツもじょうろも、100円おもちゃがわが家では大活躍です。

100円で2枚！ダイソーのパズル

ペーパーパズル２枚入Ａ ￥100+税／ダイソー

25ピースのパズルが、なんと２枚セットで100円です。ダイソーのこのシリーズは、乗り物、動物、恐竜など４種類あってかわいいイラスト。息子は３歳半から夢中で遊び、１歳の娘もできないながらにチャレンジを始めています。サイズがいろいろあるので年齢に合わせて選べるし、戦隊ものなどもあり（１枚売り）、楽しめます。

発掘！10円のねずみさん

ペーパーパズル２枚入Ａ ￥100+税／ダイソー

近所に100均のセレクトショップがあります。お店をくまなくチェックすると、中には10円のものも……。

この愛らしいねずみさんは、そんな10円メンバーのひとつ。素朴な表情、蛇腹のおなか、車の足、そして木製……なんだか放っておけませんでした。こどものためにと買いましたが、選んでいる私が一番楽しんでいるかもしれません。

シェルフユニットを一列に並べておもちゃ棚に

わが家はリビングがキッズコーナー。窓際にイケアのトレービーシェルフユニット（１×２マス）を３つ横置きし、おもちゃを収納しています。こどもが成長した後は、本棚などへの転用も可能。

こどもの収納は、高さがあると自分で取り戻ししにくくなってしまいます。低く並んだシンプルな収納で、しまうルールはざっくりと。娘にちょうどいい高さでありつつ、きちんと片づけたい几帳面な息子をサポート。

ままごと道具はひとまとめにメッシュかごに。横から透けて見えるので、狙ったものを取りやすい。このかごにしてから全部をひっくり返すことがなくなりました。
RISATORP バスケット ¥1,299（税込）／イケア・ジャパン

雑誌の付録だったドットのフェルトバッグには、つみきを。入れ物が色も素材もバラバラで統一感がありませんが、これがこどもたちには区別しやすいらしく、種類ごとにきちんと片づけられています。

以前はおやつを入れていたコジオルのオーガナイザー。今は車のおもちゃ入れですが、洗濯かごにも転用可能。「おもちゃ専用」ではなく、ここでも使いまわしを考えます。同じ色は販売終了。koziol オーガナイザー BOTTICHELLI M サイズ ￥1,500+税／エトランジェ ディ コスタリカ

里帰り中に実家でベビーグッズを入れていたケターのフレキシタブバケツに、こまごましたおもちゃを。容量たっぷりで持ち運びもラク。水にも強く、ランドリー周りやアウトドアでも使えます。

ビュローのファイルボックスを棚に入れて、息子の本を収納。大きいサイズの雑誌も立つし、「妹に取られるのはイヤ！」な息子の本を守ります。その他の絵本は娘にも取りやすいようボックスの外に。ビュロー ファイルボックス ￥850+税／デルフォニックス

column 4

かわいい布でベビーグッズを

妊娠中、何かひとつでもベビーグッズを手作りしてみたいと思い、まずは『ロッタさんと作る 赤ちゃんのふだん小物』という洋裁本を購入。北欧のテキスタイルが数多く使われ、作りはシンプルなのにどれもかわいい！　さっそくおむつブルマと、残った布でスタイを製作。裁縫の苦手な私ですが、完成すると着せるのが楽しみで手作り熱が上がりました。

新生児期はおむつ替えが頻繁でブルマを穿かせる余裕がありませんでした。その後は季節的に寒くて穿かせられず。せめて、と記念写真を撮りました……。

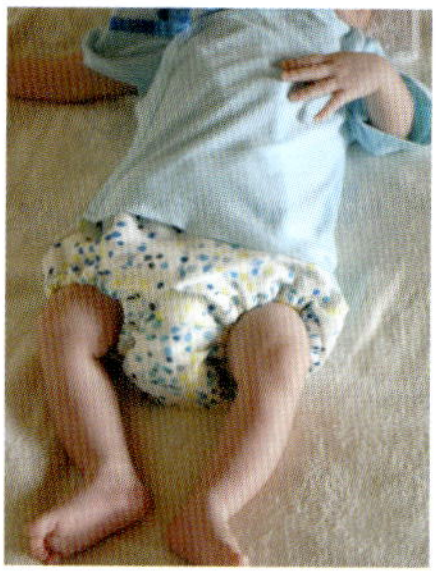

＼使ったもの／

柔らかなダブルガーゼ

選んだのは伊藤尚美さんのテキスタイル。左：Melody sketch（ブレス）、右：peaceful cooing（ASAZORA）／ATELIER to nani IRO※販売終了

Chapter 5

おでかけ

外に持って出られるものには限りがあります。
替えが利かないからこそ本当に使いやすく、
一緒にいて心地のいいものを携えていたいのです。
子連れだから多少扱いが雑でも平気な丈夫さで、
長く使えればさらに嬉しい。

（右）ペンケース ￥11,000+税、（左）がま口付き長財布 ￥40,000+税／ともにルック

革ものを慈しむ

イル ビゾンテのヌメ革の長財布を使っています。中がガバッと大きく開く蛇腹式で、がま口のコインケースと４つのポケットが付いていてお札やレシートの分類がしやすい。以前のふたつ折り財布ではレジでもたついてしまいましたが、お札も小銭も取りやすくなりストレスフリーです。

この財布を見た夫が、自分もイル ビゾンテがほしいとペンケースのプレゼントをリクエスト。スマートなデザインですがマチがあって収量は十分。うちでは誕生日やクリスマスのプレゼントはなく、お互い「ほしいものができたとき」に贈り合うシステム。なかなか効率的です。

私の財布も夫のペンケースも、使い込むほどに艶と味わいを増しています。丈夫で長持ちし、使いながら育てられるのが革の何よりの魅力ですね。

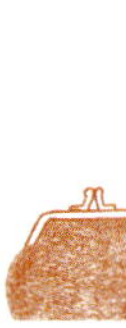

温もり感じる木のICパスケース

IC-PassCase ￥3,564（税込）／Hacoa

「木香屋」という木製の雑貨が豊富なお店で、無垢材のICパスケースを購入しました。木材や角のデザイン、刻印などを選べます。

あれこれ迷った末、ウォールナットの角が丸いタイプを選択。ブランドの刻印だけで充分かわいいので、名入れやほかのデザインは施しませんでしたが、シンプルに木のよさが味わえて、満足！

コンパクトな折りたたみ傘

XI Navy Dot ￥5,800+税／イマオコーポレーション

元は義理の父に贈ったクニルプスの折りたたみ傘。柄が若すぎたようなので、夫が嬉々としてもらってきました。メガネケースのようなしっかりとしたケースにはストラップが付いていて、かばんの持ち手に引っ掛けておけるのが便利です。

丈夫で、5年使っていますが古びた様子はなし。コンパクトで持ち歩きの負担がありません。

小さく持てる大きなエコバッグ

ルートートのエコバッグは、たたむと10㎝角ほどのコンパクトさで、ちょっとしたポーチより存在感がありません。非常に丈夫なので重いものを持ち運んでもOK。普通に買い物袋にするのはもちろん、大きい方は小児科などでみんなの上着を入れたり、帰省先で洗濯物を入れたり、旅先でおみやげを入れたりと大活躍。常に2サイズを携帯しています。

帰省にも手軽なスーツケース

夫の出張用にと購入したイノベーターのスーツケース。キャスターが引きやすく軽量で、帰省のときも使っています。色が黒でもスウェーデンマークがかわいいので、私が持ってもなじみます。

ボストンバッグと違い、旅先でタンスのように衣服を立てて収納できるのがいいところ。こどもの着替えをサッと用意できるのがありがたいです。

同じものは販売終了。類似品はINV68 ステルスブラック ￥28,000+税／トリオ

顔にフィットする機能的なメガネ

夫婦二人で「フォーナインズ」のメガネを愛用しています。以前の私は、鼻の部分がずれておばあちゃんメガネになりがちでした。フォーナインズのものはレンズの枠とツルの継ぎ目がばねになっていて、顔の形にぴったりフィット。微調整もしてくれて、汗ばむ季節も大丈夫。メガネを上げる動作がなくなり、ストレスがなくなりました。

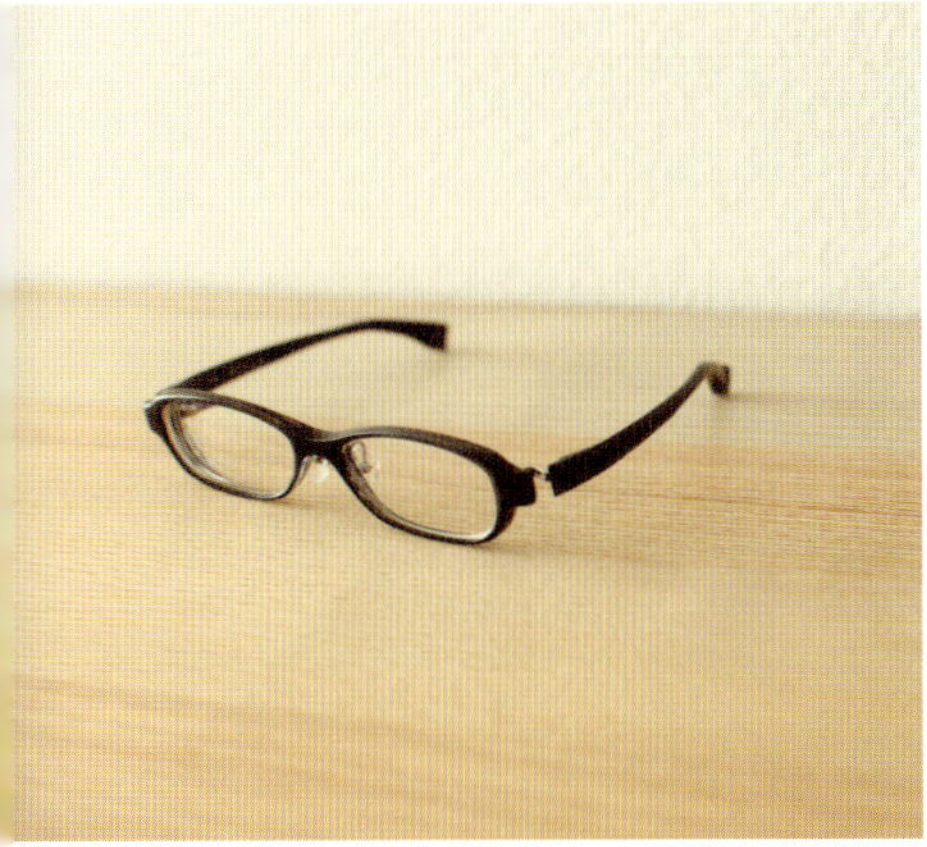

999.9（フォーナインズ）のプラスチックフレーム／フォーナインズ

アクセサリーが絡まない収納法

義母に教わった方法でアクセサリーを収納しています。ネックレスをそのまま入れると絡まるので、小さなジップ袋に入れて紐の一部を外に出し、ジップ部分で固定します。

ほとんどのアクセサリーが、義母のお手製。こどもが小さい今はつける機会が少ないけれど、こどもが抱っこを卒業したら楽しみたいと思っています。

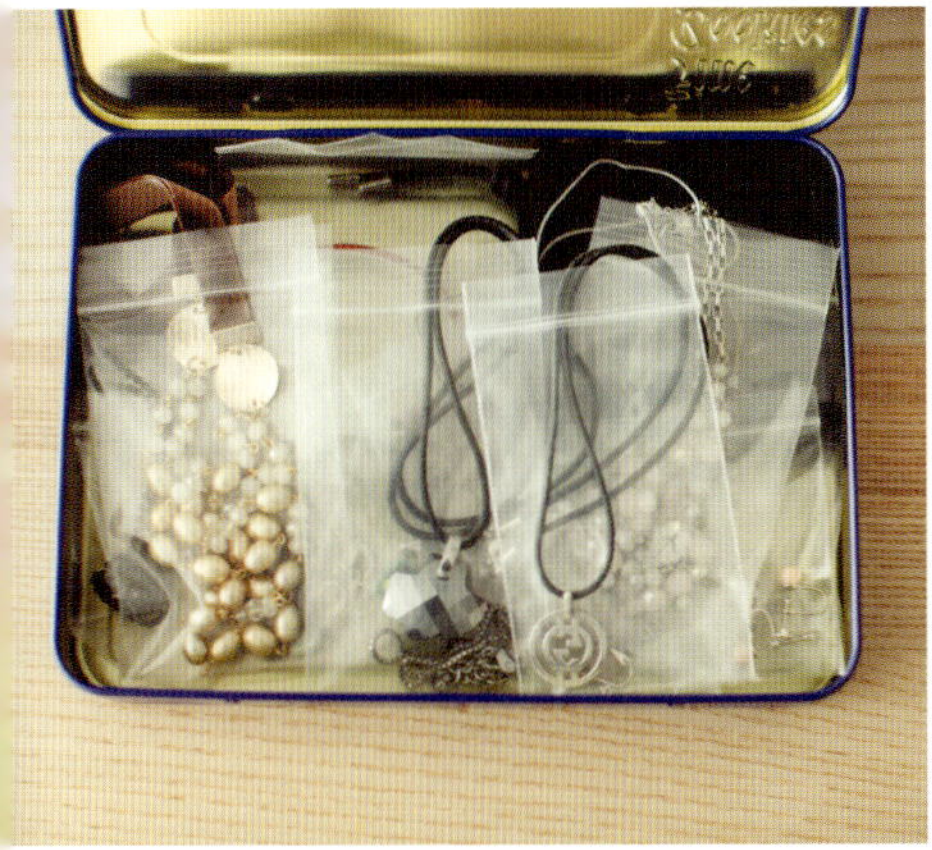

かさばらないタオルハンカチ

タオルハンカチ派な夫の愛用品は「Ottа」のハーフサイズ。サイズが通常の半分な上に、中心線で折れやすいデザインになっておりズボンのポケットでかさばらないのです。今治タオルなので吸水性抜群だし、カラフルなデザインもお気に入りポイント。ラルフローレンのタオルハンカチも吸水性がよく、種類豊富で選ぶ楽しさがあふれます。

(左) 同じものは一部販売終了。Otta ハーフタオルハンカチ 各¥600+税／田中産業

コーデのポイントにもなるマフラータオル

15センチ幅と細身で首に掛けやすいマフラータオル。汗っかきな夫の、夏の必需品です。

普通のタオルを首に掛けて歩いていると、どうしても工事現場感やジョギング感が出てしまいますが、おしゃれな柄のマフラータオルならTシャツの差し色に。汗対策、兼コーディネートのワンポイントにできます。

マフラータオル (右) アニマル (MF-0507) モンブラン、(中央) チェック (MF-0506) プルーン、(左) うし (MFI-1820) ブラック 各¥500+税／八木春

着心地よく手入れのラクなワイシャツ

夫の同僚が着ていて「すごくいい」と勧めてくれたブルックスブラザーズのドレスシャツ。質がいい分値が張るので、購入はいつもアウトレットの半額品です。着心地がよくて一年中ほぼこのブランド。なんといっても形状記憶でアイロンいらずなのが素晴らしい。主人の好みで白とブルー系を多く購入しています。

ネクタイをボックス内で仕切り収納

夫のネクタイは、ビグソーボックスに仕切りを入れて収納しています。「これに入る分だけ」と量の管理ができるし、フタを開ければ全体が見えて選びやすい。このボックスはリビングの衣類スペースにある、息子の幼稚園の服を掛けたラック内に収めています。ちなみに夫の場合、ネクタイは色の系統が3つもあればだいたいのシャツに映えるそう。

同じものは販売終了。類似品はBigsobox SVERKER 書類入れボックス ￥2,900+税／アペックス

個性的なTシャツがずらりのグラニフ

デザインTシャツストア、グラニフには豊富なデザイン、豊富なサイズのTシャツがずらり。このお店ならではの個性的な柄が多く、丈夫で価格もお手頃です。購入枚数が多いと割安になるので、家族分をデザイン違いで。照れてできないのですが、親子でお揃いにもできます。

（右）グラニフ クマノミ、（左）グラニフ チューチュー アニマルズ、Tシャツ1枚 ¥2,500+税、2枚で¥4,000+税／グラフィス ※販売終了の可能性あり。

GYMPHLEX（ジムフレックス）カモフラージュ柄ボアベスト／ビショップ ※販売終了。

コーデにも実用面にも便利なストール

トゥモローランドで見つけたネパール製のハンドメイドストール。セールで半額でした。シンプルコーデの差し色となって、山っぽくも街っぽくも合わせることができます。ひざ掛けや寝てしまったこどもをくるむのにも使えるので、1枚持っているととても重宝。

動きやすくて暖かいボアフードベスト

着心地抜群なうえ、ボトムスを選ばないボアフードベスト。パンツ、スカート、ガウチョと何にでも合います。迷彩柄はどうかなと思ったのですが、意外と着回せました。動きやすいし、よほど寒い真冬以外はずっとこれ。スタンドカラーなので首周りが暖かくマフラーいらずです。

ラインのきれいな ル・グラジックのスカート

LE GLAZIK（ル グラジック）ギャザーフレアースカート／ビショップ ※販売終了。

ほどよいハリ感があって、参観日のような少し改まった席にも、気軽に公園にも穿いていけるギャザーフレアースカート。ネイビーでどんなトップスにも合い、ウエストをインしても出してもバランスがとりやすい。

私にとっては少し高価な買い物でしたが、充分ペイする着回し力の高さ。長く大事に穿きたい一枚です。

しわ知らず！ コスパ最高のエアパンツ

パンツ：zootie エアパンツ ¥1,851+税／イーザッカマニアストアーズ　靴：ナイキ プリ モントリオールレーサー／NIKE SPORTSWEAR（ナイキ スポーツウェア）※現在はカラー違いが発売中。

一方パンツは、1800円という低価格。かがむときに抵抗がなく、しわもできないという育児中の女性にぴったりの機能性。豊富な色味の中から黒とネイビーを購入し、冬場は下にヒートテックを穿いて通年活躍させています。

シンプルなグレーのスニーカーは、つま先がつるんとしていて何と合わせても大人カジュアルにまとめてくれます。

column 5

絶品！お取り寄せアイテム

自分へのご褒美に、お持たせに、お中元に――。食いしん坊の私が見つけたとっておきの品や、贈って絶賛されたお取り寄せできる品をご紹介します。

果汁たっぷりでかわいいゼリー

果肉と果汁が豊富に使用されている、ジューシーな埼玉発のフルーツゼリー。果物の風味がリアルで、一粒一粒が宝石のような美しさ！　幼い息子も虜になりました。苺缶 ¥1,000+税／トミゼンフーヅ（彩果の宝石）

長崎の濃厚チョコカステラ

地元長崎では有名なチョコレートカステラ。カステラに合わせて特注したというチョコレートが濃厚で、底のザラメも美味しい。コーヒーといただけばまさに、至福。チョコラーテ 0.3号 ¥594（税込）／松翁軒

ほろほろ溶ける和のクッキー

風呂敷に包まれていかにも和ですが、実はクッキー。左から、きな粉・抹茶・和三盆が使われていて、口に入れるとほろほろ溶ける上質感。和風ブールドネージュといった趣です。庄谷の和の心【3種】¥1,620（税込）／庄谷

ジャムサンドのチョコ掛けバウム

バウムクーヘンでアプリコットジャムをサンドしチョコレートをかけたバウムシュピッツはたまらない組み合わせでした！　冷やしても美味しい。ホレンディッシェ・カカオシュトゥーベ ¥1,620（税込）／伊勢丹オンラインストア

おしゃれなコンフィチュール

菓子研究家いがらしろみさんのお店です。「りんごとくるみとラムレーズンのジャム」を食べてみたら、何層にもなった深い味わいで普通の食パンが洋菓子のような存在に！　ドゥーセット ¥1,640（税込）／Romi-Unie Confiture

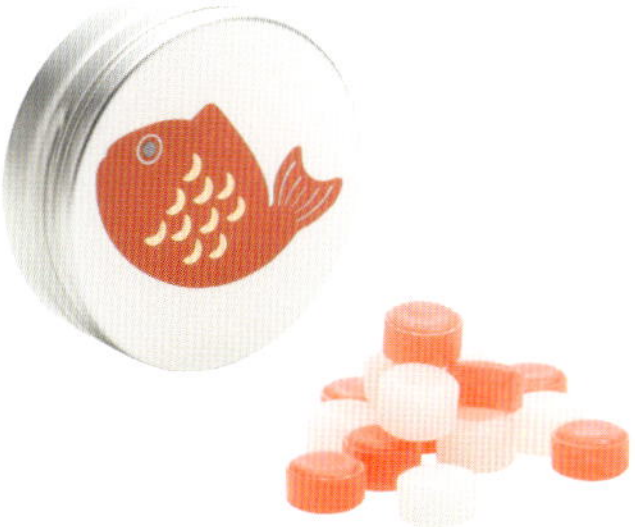

パッケージが楽しいキャンディ

飴で有名な「カンロ」の直営店「ヒトツブカンロ」の商品で、かわいいデザイン缶が見ているだけで楽しい！ こちらは縁起缶シリーズの「鯛」。アップル&ヨーグルト味です。縁起缶キャンディ ¥390（税込）／カンロ

ごはんが止まらないほぐし鮭

友人から内祝いでいただいた、新潟は加島屋のさけ茶漬け。熟成された鮭の脂がごはんに染みわたり、旨みたっぷり。お箸が止まらない美味しさです。さけ茶漬 中ビン（140ｇ入）¥1,836（税込）／加島屋

両親絶賛の本格地ビール

プレミアムビール「COEDO」。帰省土産にしたところ、両親が大絶賛でした。「瑠璃」「漆黒」など全５種類で、世界中で多数の賞を受賞しています。瑠璃-Ruri- 333mℓ 瓶（24本入り）¥6921（税込）／コエドブルワリー

おわりに

8年前に備忘録も兼ねて何となく始めたブログ。衣食住遊何でもありで自由に書いています。今回、本を作るお話をいただいたときはとても驚きました。本当にありがたいお話です。このごった煮ブログをどうやって形にしてもらえるのだろうと。本のテーマは「もの選び」ということでした。

それからというもの、家にあるものたちと真剣に向き合うことになりました。考えに考えて購入したものもあれば、何となく購入して、それが意外と使いやすくてすっかりお気に入りになったり、

ひとつひとつ、いろんな形で選んできたのだなぁとしみじみ。より愛着が湧くようになりました。これからもより暮らしやすく過ごすためのもの選びは続きますし、素敵で便利な商品との出会いがとても楽しみです。

最後に、書籍出版にあたり、ワニブックス編集の八代さん、ライターの矢島さん、カメラマンの仲尾さんはじめ、関わってくださったスタッフの皆様、ブログ読者の皆様に、心より感謝申し上げます。この本を手に取ってくださった方のお役に立てれば幸いです。

Shop List

ダイソー	082-420-0100
ダイニチ・コーポレーション	0120-728-037
大日本絵画	03-3294-7861
髙儀	0258-66-1236
田中産業	0898-48-2225
ティファールお客様相談センター	0570-077-772
デザイン雑貨carro（カロ）	075-972-2725
designshop	03-5791-9790
テスコム	03-5719-2094
デルフォニックス（スミス 恵比寿）	03-5475-8340
デロンギ・ジャパン	0120-804-280
10mois webshop	0533-65-8255
東邦	06-6754-3181
ドーバー酒造	03-3469-2111
トミゼンフーヅ（彩果の宝石）	048-864-2881
トラスコ中山 お客様相談室	0120-509-849
トリオ	0796-22-7656
NIKE カスタマーサービス	0120-6453-77
ノット	03-5859-5317
HAKUSAN SHOP（白山陶器東京ショールーム）	03-5774-8850
Hacoa	0778-65-3303
パナソニック お客様ご相談センター（照明と住まいの設備・建材）	0120-878-709
はんこ奉行（中條）	0742-36-1705
ビショップ	03-6427-3710
ビスク	092-714-6480
フォーナインズ	03-5797-2249
福音館書店	03-3942-1226
±0カスタマーサポートセンター	0570-01-5380
プラス家具 ファニチャーカンパニー ガラージ事業部	0120-331-753
Francfranc	0120-500-924
ブリオジャパン	03-5766-5032
BLUEGIRAFFE	0955-25-9307
ふろしき専門店 むす美	03-5414-5678
ベビージャクソンズストア	044-543-8874
ベビービョルン	03-3518-9980
ボーネルンド	0120-358-518
北陸アルミニウム	0766-31-3500
マークス	03-5779-7550
マークスアンドウェブ	http://www.marksandweb.com
マークスインターナショナル	03-6861-4511
マーナ	03-3829-1111
MAWA Shop Japan	03-6715-1721
ミーレ・ジャパン	0570-096-300
無印良品 池袋西武	03-3989-1171
モーダ・エン・カーサ 五反田TOCショールーム	03-6431-8510
モリタインテリア工業	0944-33-0123
monsen	03-3708-9311
八木春	03-6206-8981
山崎産業 カスタマーサービス	0120-530-743
友愛玩具 お客様相談室	052-779-0881
ユースキン製薬お客様相談室	0120-22-1413
吉田金属工業	03-3568-2356
楽天市場　わくわく生活	0120-37-8989
リョービ販売 ナビダイヤル	0570-666-787
ルック DC事業部	03-3794-9325
ルネ・デュー	079-243-1147
レーベン販売	050-5509-8340
Romi-Unie Confiture	0467-25-6339
ワッツ	06-4792-3280

アイザワ	0256-63-2764
赤ちゃんの城	0942-37-8111
アカツキコーポレーション	03-5830-7927
アクセル ジャパン	03-3382-1760
ATELIER to nani IRO	06-6443-7216
アペックス	027-370-5678
アリタポーセリンラボ	0955-43-2221
アンジェ web shop	http://www.angers-web.com
イーザッカマニアストアーズ	078-321-7615
イケア・ジャパンカスタマーサポートセンター	0570-01-3900
伊勢丹オンラインストア	http://www.isetan.co.jp
伊勢藤	06-6783-5205
一真陶苑	0956-85-5305
イマオコーポレーション	0575-28-5817
iwakiお客様サービスセンター	03-5627-3870
インテリアエッセンス	052-304-9267
インテリアショップe-goods	http://www.e-goods.co.jp
インテリアショップ VANILLA	0120-826-010
エコンフォート	03-6805-1282
エド・インター	0120-000-499
エトランジェ ディ コスタリカ	0120-777-519
FIQ自由が丘	03-3718-4111
エフシーインテリア	075-256-8577
大木製作所	03-3931-0140(代表番号)
OXO(オクソー)	0570-03-1212
オルファ	06-6972-8101(代表番号)
花王	0120-165-693
加島屋	0120-00-5050
カジュアルプロダクト(青芳製作所)	0120-137-149
柏木工	0577-32-3150
カンロお客様相談室	0120-88-0422
KIHARA(キハラ)	0955-43-2325
木村硝子店	03-3834-1781
Can★Do	03-5331-5500
クオバディス・ジャパン	03-3411-7122
Kukkia	06-6447-0202
倉敷意匠アチブランチ	086-441-7710
グラフィス	03-5464-5005
クリロン化成	06-6327-8188
ケイジェイシー	03-5796-9741
工房まめや	0577-77-9326
コエドブルワリー	0570-018-777
コクヨお客様相談室	0120-201-594
小林製薬	0120-5884-06
コントリビュート	0120-55-8282
サーモス お客様相談室	0570-066966
サイバール	072-468-6456
サントレーム	http://www.rakuten.co.jp/st-toremu/
GMPサポートデスク	0120-178-363
漆器とキッチン 祭りのええもん	073-482-4673
下村企販	0256-64-5588
ジャストカーテン	073-463-9020
シヤチハタ	052-523-6935
シャボン玉石けん	0120-4800-95
松翁軒	0120-150-750
庄谷	06-6434-1682
ジョンソンお客様相談窓口	045-640-2111
白雪ふきん	0742-22-6956
伸晃	072-963-7881
スキャンデックス	03-3543-3453
スペースジョイ	03-3722-1144
Seria	0120-188-581
ソファ専門店 NOYES	0120-351-780
ソリスジャパン	03-6420-0865

※本書に記載されている情報は2017年3月現在のものです。商品の価格や仕様などは変更になる場合もあります。
※店舗や時期によって在庫状況が異なり、お取扱いしていない場合があります。

撮影 ……… 仲尾知泰（ripcord.）
ショコラサマンサ（P23、P29、コラム、etc.）
デザイン … MARTY inc.
イラスト … ノラヤ
文 ………… 矢島 史
校正 ……… 東京出版サービスセンター
編集 ……… 八代真依（ワニブックス）

ズボラでも、こどもが小さくても、転勤族でも
「主婦」を楽しむもの選び

著者　ショコラサマンサ

2017年4月24日　初版発行

発行者　横内正昭
編集人　青柳有紀
発行所　株式会社ワニブックス
〒150-8482 東京都渋谷区恵比寿4-4-9 えびす大黒ビル
電話　03-5449-2711（代表）　03-5449-2716（編集部）
ワニブックスHP　http://www.wani.co.jp/
WANI BOOKOUT　http://www.wanibookout.com/
印刷所　美松堂
DTP　オノ・エーワン
製本所　ナショナル製本

※本書の収納方法などを実践していただく際には、建物や商品の構造や性質、
注意事項をお確かめのうえ、自己責任のもと行ってください。

ISBN 978-4-8470-9558-0